國小自然與生活科技
教學學習與評量

陳義勳 著

五南圖書出版公司 印行

自　序

　　本作者自幼喜愛科學教育，在物質缺乏的五十年代進入國立台灣師範學物理系，旋又進入國立台灣師大物理研究所碩士班，畢業後至台北市立師範學院數理系任教，民國七十三年～七十四年、七十七年～八十年兩度公費赴美進修博士，分別在美國加州大學Irvine分校及俄亥俄州立大學，於民國八十年獲科學教育博士。

　　回國後仍任職於市立師範學院，先後兼任總務主任、數理系系主任、科學教育研究所所長、自然科學系主任、科教碩士學位學程主任，每年均接受國科會補助進行科學教育方面的研究，先後有二十五篇論文分別發表於國內外科學教育刊物。

　　在1993年、1997、1999、2002、2004、2005、2006、2007、2009年分別接受國科會補助，赴美國Cornell University、Chicago、Boston、Panama、Couvenor、Canada and ets參加國際研討會並發表論文，為我國科教研究在國際上增加能見度。論文分別刊登在Cornell University及NARST的SSMA之Proceeding及電子刊物上。甚獲國內外各家好評。

　　本作者在任教市師院自然科學教育研究所暨數理教育學系，迄今夙夜匪懈一直進行國科會委託的科教研究，諸如：國小力學概念、電磁學的迷思概念、師資培育研究及建構主義在國小科教的教學研究。二十年來奉獻於科學教育而不倦怠，今後尚懇望先進不吝提攜，願為國內科教繼續奉獻努力。

　　本作者於八十三年度、八十四年度、八十五年度、八十六年度直至目前仍繼續參與教育部國民教育階段學生基本學習成就評量研究，此為中美

跨國的研究，國內在國立台灣師範大學校長簡茂發博士的主持領導下，分別完成了國小三年級、五年級及國中二年級的數學及科學的學生基本學習成就評量，分別針對國內國民階段學生的科學素養（含科學概念、科學本質、思考習慣、態度、科學過程、科學應用）及解決問題的能力，並作中美國民教育階段學生基本學習成就的比較與分析，並藉此瞭解我國國民階段學生數學及科學之能力。

本作者鑑於國小自然科教育是國家科學教育的奠基工作，是故最近二十餘年來在國小自然科學教育研究投入極多的心力。此著作針對下列幾個部份研究：壹、國小自然科教學的基本理念、內涵及目的。貳、國小自然科有關物理單元之教材分析。參、國小自然科有關物理單元之教學方案舉要，此部份又針對(一)合作學習教學法及(二)應用概念圖教學法(三)建構主義教學方案(四)迷思概念發掘教學方案(五)概念發展教學方案，分別介紹研究方法、實驗程序、統計處理結果與討論，結論與建議。本著作期望能對小學教育有所啟發，作為改進教學概括性提一下，同時給教改專家們提供了有系統的分析資料。

本作者在科學教育的研究歷程要感謝國內科學教育的前輩的鼓勵及提攜，且感謝服務的市工師院數理系同仁之鼓勵、協助，在此深深表達衷心謝意。

台北市立師範學院數理教育學系

陳義勳　謹識

目　錄

自　序

壹　國小自然科教學的基本理念、內涵、
　　目的及目標　　　　　　　　　　　　　　**1**

　一、基本理念　　　　　　　　　　　　　　2
　二、內涵　　　　　　　　　　　　　　　　3
　三、目的　　　　　　　　　　　　　　　　4
　四、目標　　　　　　　　　　　　　　　　4

貳　國小自然科有關物理單元之教材分析　　　**7**

　一、國內自然科課程發展　　　　　　　　　8
　二、單元內容及學習目標分析　　　　　　　11
　三、從知識領域來分析　　　　　　　　　　23
　四、從自然科教科書之單元來分析　　　　　25

參 國小自然科有關物理單元之教學方案舉要 27

一、合作學習教學方案　　　　　　　　34
　(一)緒論　　　　　　　　　　　　34
　(二)研究方法　　　　　　　　　　38
　(三)結果與討論　　　　　　　　　45
二、應用概念圖教學方案　　　　　　　68
　(一)緒論　　　　　　　　　　　　68
　(二)研究方法　　　　　　　　　　70
三、建構主義教學方案　　　　　　　100
　(一)緒論　　　　　　　　　　　100
　(二)研究方法　　　　　　　　　104
　(三)重要結果討論　　　　　　　105
　(四)建議和討論：　　　　　　　112
四、迷思概念發掘教學方案　　　　　112
　(一)緒論　　　　　　　　　　　113
　(二)研究方法及進行步驟　　　　114
　(三)緒論　　　　　　　　　　　115
　(四)建議　　　　　　　　　　　118
五、概念發展教學方案　　　　　　　118
　(一)緒論　　　　　　　　　　　118
　(二)研究方法及過程　　　　　　119
　(三)結論　　　　　　　　　　　120

肆　國小自然科有關物理單元教材教法之展望
　　及本研究之限制　　　　　　　　　　**125**

　　一、教材方面　　　　　　　　　　　　126

　　二、教法方面　　　　　　　　　　　　127

　　三、本研究之應用與限制　　　　　　　128

　　四、研究的展望　　　　　　　　　　　129

參考文獻　　　　　　　　　　　　　　　**131**

附錄甲　前後測試題　　　　　　　　　　**146**

附錄乙　學生的概念圖　　　　　　　　　**182**

附錄丙　國立編譯館最新版第一冊至
　　　　第八冊有關物理單元的部份　　　**186**

附錄丁　電學迷思概念發掘教學方案之
　　　　前後測分析（含題目）　　　　　**188**

附錄戊　力學概念發展教學方案之前後測分析
　　　　（含題目）　　　　　　　　　　**213**

表　次

表2-1　國小自然科學課本有關物理單元內容及學習目標之
　　　　分析　　　　　　　　　　　　　　　　　　　　　　12

表2-2　物理單元在自然科所佔比重　　　　　　　　　　　　22

表2-3　物理單元的知識領域分析表　　　　　　　　　　　　23

表3-1　四所樣本學校的人數統計表　　　　　　　　　　　　39

表3-2　各組樣本所得「科學本質」得分之比較　　　　　　　45

表3-3　各變項的「科學本質」得分之差異比較　　　　　　　46

表3-4　各組樣本所得「科學概念」得分之比較　　　　　　　46

表3-5　各變項的「科學概念」得分之差異比較　　　　　　　47

表3-6　各組樣本所得「科學過程」得分之比較　　　　　　　47

表3-7　各變項的「科學過程」得分之差異比較　　　　　　　48

表3-8　各組樣本所得「科學應用」得分之比較　　　　　　　49

表3-9　各變項的「科學應用」得分差異比較　　　　　　　　49

表3-10　各組樣本所得「思考習慣」得分之比較　　　　　　　50

表3-11　各變項的「思考習慣」得分之差異比較　　　　　　　51

表3-12　四所樣本學校的科學素養總得分比較　　　　　　　　51

表3-13　各變項的「科學素養」總得分之差異比較　　　　　　52

表3-14　第一樣本學校兩組學生的各項得分比較　　　　　　　52

表3-15　第二樣本學校兩組學生的各項得分比較　　　　　　　52

表3-16　第三樣本學校兩組學生的各項得分比較　　　　　　　53

表3-17　第四樣本學校兩組學生的各項得分比較　　　　　　　53

表3-18　第一樣本學校學生交友人數統計表　　　　　　　　　54

表3-19　第二樣本學校學生交友人數統計表　　　　　　55

表3-20　第三樣本學校學生交友人數統計表　　　　　　57

表3-21　第四樣本學校學生交友人數統計表　　　　　　58

表3-22　四所樣本學校各組學生交友人數比較表　　　　59

表3-23　國小自然科物質狀態的變化單元教學活動設計

　　　　（實驗組用）　　　　　　　　　　　　　　71

表3-24　實驗組控制組對前後測的平均分數及標準差　　91

圖　次

圖3-1　整個研究流程　　　　　　　　　　　　　　　44

圖3-2　水和冰的狀態變化關係　　　　　　　　　　72

圖3-3　水（液態）和水蒸氣（氣態）的關係　　　74

圖3-4　水蒸氣與小水珠（或白煙霧）兩種狀態的相互關係　77

圖3-5　水三態的變化過程（空白圖）　　　　　　80

圖3-6　水三態的變化過程　　　　　　　　　　　81

圖3-7　在建構主義教學下，概念改變或知識成長之過程

（Appleton, 1989）　　　　　　　　　　　　103

圖3-8　英國的SPACE（Science Process and Concepts

Exploration）計畫的教學模式　　　　　　103

壹

國小自然科教學的基本理念、內涵、目的及目標

一、基本理念

二、內涵

三、目的

四、目標

一、基本理念：

　　國小自然科教學深受皮亞傑的認知和發展論的影響。皮亞傑（J. Piaget）將兒童認知發展階段分為(一)感覺動作期（0～2歲）。(二)具體操作前期（2～7歲），(三)具體操作期（7～11歲），(四)運思操作期（11～16歲）（Piaget, 1963）。而小學階段正屬於具體操作期，因此小學自然科的教學亦以實際操作為基礎，而著重於從做中學之基本理念。另一位認知心理學大師布魯納（Bruner）則主張兒童隨著其認知能力之發展，對於外界刺激之反應，已具自主性，同時需要學習一種符號系統（諸如語言）來表徵外界現象。因此強調要以兒童的語言教導兒童並與兒童溝通。新近的學者如Novak等人曾參酌阿塞貝爾（D. P. Ausubel）的「進階組織體」（Advance organizers）以及蓋聶（R. M. Gagne）的「階層架構」（Hierarchical structure）等構想。在科學教育上提出概念圖的教學法，而Johnson & Johnson（1987a）所提出的合作學習教學也均在國內科學教育中引起迴響，而進行一些實證性研究。當然，自然科所涉及的知識領域相當廣，而兒童的個別差異也很大，所以擔任自然科的教師，必須根據各教學單元的內容特性，運用各種不同的教學法，諸如：合作學習教學、應用概念圖教學、建構主義教學法、迷思概念發掘教學、概念發展教學、啟發式教學、發現式教學及田野教學法等，方能符合國小學生心智的發展，學生正確的科學概念、科學方法、科學態度進而養成具有科學素養的國民。

　　另者，我國目前自然科課程的編輯精神是在課程中融入環保意識及人文精神（毛松霖，民86），而自然科教學的基本理念亦以達成上

述編輯精神為宗旨，故應融入環保意識，及人文精神，多讓學生親自
體驗生活環境的各種自然現象，並愛護環境的一草一物，既要注重科
學，也要兼顧人文層面。在此意識與精神的導引下，自然科的教學不
宜侷限於課堂上，而要步出教室，以戶外教學輔助室內教學之不足；
利用社區資源及文教機構進行校外教學，方能收到事半功倍的教學效
果。

二、內涵：

科學教育的內涵應包括(一)科學知識(二)科學方法(三)科學態度三
個向度。

1. 科學知識：是人類探討自然界現象所獲得之有關事實和原理的訊
   息，故科學知識會隨著新證據的呈現，或是由實驗引出的新理論
   而不斷擴增或改變（Kuhn, 1962）。

2. 科學方法：科學的探討活動雖然隨著不同的問題，會有不同的進
   行方式，但大體上，須經歷有多種相同或相似之過程技能的運
   用。依SAPA（Science-A Process Approach）的十三種科學過程技
   能，其中有八種基本過程技能和五種統整過程技能。這十三種科
   學過程技能分別為(1)觀察、(2)應用空間或時間關係、(3)分類、(4)
   應用數字、(5)測量、(6)傳達、(7)預測、(8)推理、(9)控制變因、
   (10)解釋資料、(11)形成假設、(12)下操作型定義以及(13)實驗，可
   知科學方法的要求相當嚴謹，且講求可驗證性。

3. 科學態度：科學態度會影響科學活動的探討。就國小教育而

言，一般學者將態度歸納為(1)好奇(2)求真(3)客觀(4)堅毅等。
(5)Openness（虛心）(6)Reality Orientation（尊現實重）(7)Risk-taking（進取心）(8)Precision（精確）(9)Confidence（信心）等等。

三、目的：

科學教育的目的，乃是實施科學教育課程，希望達到的理想狀態。依照AAAS（American Association for the Advancement of Science, 1993）所述科學教育的目的為：幫助兒童滿足他們的需要、幫助兒童成為有見識的公民，能負責任處理社會問題，提供兒童有機會學習科學概念和過程，科學教育要協助兒童對有關科技生涯作有見解之決定。

當然科學教育也肩負能讓兒童①了解自我與發展潛能②欣賞、表現與創新③生涯規劃與終身學習④表達溝通與分享⑤尊重、關懷與團隊合作⑥文化學習與國際瞭解⑦規劃、組織與實踐⑧運用科技與資訊⑨主動探索與研究⑩獨立思考與解決問題等能力。（教育部：民87）

四、目標：

依照教育部頒佈的國民小學課程標準總綱（教育部，民82），國小自然科的目標有(一)增進瞭解自我，認識環境、適應社會變遷，

(二)養成互助合助，增進群己和諧關係，(三)養成主動學習、思考、創造及解決問題的能力等等。是故目前國小自然科的教學目標乃是要學童主動學習、能創造及思考進而解決自然界或日常生活中的問題。又要學童瞭解自我，認識環境，並能互助合作促進群己和諧關係。依照九年一貫課程的目標其亦強調：國民教育之學校教育目標在透過人與自己、人與社會、人與自然等人性化、生活化、適性化、統整化與現代化之學習領域教育活動，傳授基本知識，養成終身學習能力，培養身心充份發展之活潑樂觀、合群互助，探究反思、恢弘前瞻、創造進取的健全國民與世界公民。為實現國民教育階段學校教育目的，須引導學生致力達成上述①人與自己②人與社會環境③人與自然環境的目標。（教育部，民87）

貳

國小自然科有關物理單元之教材分析

一、國內自然科課程發展

二、單元內容及學習目標分析

三、從知識領域來分析

四、從自然科教科書之單元來分析

　　自八十五學年度入學的國小學生，其所採用的自然科課本是開放
民間編寫的，目前四年級以下所採用的新教科書，由於從小一至小六
整套自然科教科書尚未出齊，無法自第一冊分析至第十二冊，且民間
版有數種之多，為了使分析更完整，本作者採用國立編譯館舊版由第
一冊分析至第十二冊，主要原因是一方面他已全套完全呈現，另一方
面，民間開放版的編寫大多以其為參照藍本。本作者將以附錄方式列
出國立編譯館最新版的國小自然科第一冊至第八冊有關物理的單元名
稱。（見附錄丙）

一、國內自然科課程發展

　　我國國民小學自然科學課程，自民國三十八年以來，經歷了多
次的修改，其中又以民國六十七年九月起實施的改進得最為徹底。其
後陸陸續續增刪部份單元及調整內容，依國立編譯館民國八十一年八
月改編本，其分析內容：依學科內容有：物理、化學、生物、地球科
學、環境科學。依學習目標又分為科學本質（Nature of Science）、
科學概念（Concepts of Science）、科學過程（Processes of Science）
及科學應用（Applications of Science）、思考習慣（Habits of
Mind）、態度（Attitude）等。而學習目標中又以科學過程及科學概
念最為重要。至於其他的學習目標：科學本質、科學應用、思考習
慣、態度，分別出現在各單元，其中以科學應用在物理部分出現頻率
最高，達32次，其次是態度出現18次，思考習慣則出現9次，而科學
本質出現頻率最少2次。

　　編寫國小自然科教材的專家學者當初採用國外的SAPA
（Science—A Process Approach）、ESS（Elementary Science Study）
及SCIS（Science Curriculum Improvement Study）為主要的參考藍
本，間或將日本的小學課程優點融入國小六十九年版的新課程。民國
八十一年曾經改版，有各年級的科學知能、學習成就水準的設定，其
中涵蓋了科學知能與實驗技能的培養。

　　ESS，SCIS，SAPA三種科學課程，其內容及精髓如下：

　　ESS（1960），此課程乃美國教育發展中心（Education
Development Center）設計的，並無教學總目標、教學範圍及教學順
序，有56個教學單元，教學是以『兒童為中心』（child centered）
的，課程設計的觀點與皮亞傑（J. Piaget）、布魯納（J. S. Bruner）
相結合，在美國有近二成的學區使用此課程（Shepherd & Regan,
1982）。

　　SCIS乃美國加州大學接受美國國家科學基金會（National Science
Foundation; NSF）的贊助發展出來的小學科學課程。此課程的目
標是培養有科學概念的學習。含兩大部份『物理科學』、『生命
科學』，教學策略依三個階段進行：探索（exploration）、發明
（invention）、發現（discovery），依調查美國有81%的學區使用此
課程（Shepherd & Regan, 1982）。

　　SAPA乃美國科學促進會（American Association for the
Advancement of Science）制訂的，重點在科學過程的瞭解及能力之培
養，其科學過程包括觀察、應用時空關係、分類、應用數字、測量、
傳達、預測、推理、控制變因、解釋資料、形成假設、操作型定義、
實驗等十三項，這課程受到蓋聶（Gagne）學習理論的影響。在美國

約有9%的學區使用此課程。

這些課程自從民國六十九年實施以來，雖然經小幅度的修正，但此版本的施行也產生一些問題，諸如：有些國小學生對概念產生迷思概念（Misconception），有些是另有概念（Alternative conceptions），這些問題經專家在國家科學委員會的贊助下也分別針對我國小學自然科學課程進行教材與教法，教與學方面的研究，諸如小學學生力學迷思概念的研究、電學方面迷思概念之研究、合作學習的研究等等（陳義勳，民82，83，84）當然還有其他的研究著重於對目前教與學現況的研究，但也僅止以現況的描述，其他進一步的研究並未找出深入的改進對策以提供一個可行的教或學之對策，實為下一步應繼續研究的重點。

經本人分析國小自然科相關單元之教材（依國立編譯館七十八年八月版本），發現物理單元總共有四十二單元。分別屬於聲學、力學、熱學、大氣（地科）、物性學、光學、流體力學、電磁學、天文學等。

在民國八十二至八十六年教育部委託進行之中美兩國跨國合作研究的專案：『國民教育階段學生基本學習成就評量研究』中是採用了科學素養的六項向度（科學概念、科學本質、思考習慣、態度、科學過程及科學應用）來評量學生的能力。作者有鑑於此，參照教育部有關此方面的研究，將學習目標涵納科學素養（Science literacy），並根據上述構想，將現行國小自然科課本中的有開物理單元的名稱，主要內容、學習目標，以及知識領域的主要學習目標，訂為學習成果的評量要項，茲將這些要項及學習目標分析如下：

二、單元內容及學習目標分析

　　茲將學習目標（學習成果評量要項）的六項，說明其涵括的範圍如下（簡茂發等，民83）：

　　科學本質（Nature of Science）：瞭解科學需依據證據、依據資料獲得概念及規則。科學知識使我們能作預測，提出可驗證的學說、模型。瞭解定律學說之代表性及限制性。

　　科學概念（Concepts of Science）：科學名詞定義、規則、定律、原理、學說的內涵。因果關係之了解，事件演變複雜程序與步驟之認識。

　　科學過程（Processes of Science）：能使用科學的語言、工具、方法來解決問題，涉及觀察、研判、了解變因、設計工作、執行、解釋資料、推論、分析及歸納資料。

　　科學應用（Applications of Science）：能運用科學知識、技能去解決問題，研判並作決定。對於爭論性的問題能運用科學知識形成意見，提出觀點。

　　思考習慣（Habits of Mind）：為求知，樂意投入並多做多問，依證據論事，養成細心切實的工作習慣。

　　態度（Attitude）：對自己的研究，由對事物的瞭解中培養出信心及樂趣，產生積極的求知動機。

　　茲將國立編譯本所編的國小自然科課程進行分析：

表2-1　國小自然科學課本有關物理單元內容及學習目標之分析

冊別	單元名稱	主要內容	學習目標（學習成果評量要項）						知識領域
			科學概念	科學本質	科學習慣	態度	科學過程	科學應用	
第一冊	（第四單元）聽聽看	‧以耳朵感覺聲音的發生	聲音產生的原理	求證	親自體驗	求知動機	觀察	以耳感覺樂音	聲學
		‧以耳朵判斷發出聲音的樂器	樂器發聲的原理	驗證、學說、模型	注意辨別	求真	觀察	以耳判斷樂器的種類	
第二冊	（第一單元）玩翹翹板	‧利用槓桿平衡原理使翹翹板平衡	槓桿平衡原理	求證	能依事論事	精確	觀察、應用數字	能製作簡易翹翹板模型	力學
		‧翹翹板一端以螺帽來稱另一端之物重。	平衡的概念	驗證、理論	養成細心切實工作習慣	培養科學樂趣	觀察、測量	能利用槓桿原理來稱物	
	（第二單元）冷和熱	‧用手能感覺出水溫的高低	熱的概念	提出可驗證之學說	養成細心切實工作習慣	客觀	觀察	能應用到特殊遇冷變色玩具製作	熱學
		‧能以紅黃綠藍顏色標示高、中、低、零下溫度區	溫度的概念	提出可驗證之學說	養成細心切實工作習慣	求知動機	觀察、分類	能應用顏色標示溫度	
		‧能使用溫度計測氣溫	溫度的概念	提出可驗證之學說	養成細心切實工作習慣	精確	測量	能應用顏色標示溫度	
第二冊	（第三單元）今天天氣好嗎？	‧能以天空的雲多寡判斷天氣的好壞	天氣好壞的概念	求證	親身體驗	求知動機及樂趣	觀察、推理	應用於天氣預報	大氣物理
		‧記錄天氣的狀況（陰天、晴天、雨天）	陰晴雨的概念	求證	親身體驗	尊重現實	觀察	能統計好壞天氣	
		‧從記錄表可以統計（陰天、晴天、雨天）的天數	因時果關係的解釋	求證	親身體驗	求真	應用數字	能統計好壞天氣	
	（第六單元）認識方向	‧認識上下前後左右的相關方向	方位的概念	求證	親身體驗	求知動機	應用時空	能統計好壞天氣	物性學
	（第八單元）影子遊戲	‧影子的產生	影子的概念	求證	親身體驗	好奇	觀察	能統計好壞天氣	光學
		‧影子與光源的關係	影子產生的原理	求證	親身體驗	尊重現實	觀察	能統計好壞天氣	
		‧做手影	手影與光源關係概念	求證	親身體驗	好奇	實驗	能統計好壞天氣	

冊別	單元名稱	主要內容	學習目標（學習成果評量要項）						知識領域
			科學概念	科學本質	科學習慣	態度	科學過程	科學應用	
第三冊	(第一單元)噴水遊戲	·認識水是無色無固定形狀	水的形狀特徵之概念	驗證	體驗	求知樂趣	實驗	能以水無固定形狀來測不規則容器之容積	流體力學
		·水有往低處流的特性	水往低處流之概念	求證	體驗	尊重現實	實驗	能以水來測地面是否平坦	
		·調整水桶的高度及管口的粗細,使噴水的高度產生變化	水位與噴水高低關係的概念	驗證	體驗	求真	觀察、實驗	能應用水位的高低到噴水	
	(第四單位)竿影和滴漏	·認識竿影會隨著太陽的移動而移動	竿影與太陽關係之概念	驗證	體驗	精確	觀察	以竿影測太陽仰角	物性學
		·能察覺一天當中何時竿影最短?何時竿影最長?	竿影與太陽位置之關係之概念	求證	細心辨別	耐心	觀察、實驗	能以竿影來測太陽在一天中、一年中的高度角及方位角	
		·能瞭解滴漏及線香可以作為計時工具	滴漏與線香可作測時工具之概念	求證	細心辨別	精確	應用、時空、實驗	能應用滴漏與線香測時	
	(第五單元)鏡子	·能察覺鏡子具有反射作用	鏡子反射的概念	驗證	細心辨別	好奇	觀察	以鏡子反射測虛像	光學
		·能認識鏡子直立於圖案上,會形成左右對稱	鏡子之反射原理	驗證	細心辨別	求真	觀察、應用時空	能應用鏡子的對稱構成完整圖案	
	(第六單元)小話筒	·能利用紙杯及線模擬電話的通訊,何種情況通訊效果良好,何種情況通訊效果不良	電話所利用原理之概念	求證	細心辨別	求知動機及樂趣	預測、推理、實驗	能以紙杯及線模擬電話的通訊	聲學
	(第八單元)玩磁鐵	·能察覺磁鐵的磁力是超距力,能隔著書本吸引鐵珠之類的物質	磁力具超距力之概念	求證	細心辨別	尊重現實	觀察、實驗	以磁場應用到日常生活中,如黑板上之吸鐵	電磁學
		·能利用磁鐵的磁性做遊戲	知磁鐵有N,S兩極求證	求證	細心辨別	求知動機及樂趣	實驗	能應用磁鐵做釣魚遊戲	

冊別	單元名稱	主要內容	學習目標（學習成果評量要項）						知識領域
			科學概念	科學本質	科學習慣	態度	科學過程	科學應用	
第三冊	（第九單元）方糖和冰糖	·能分辨方糖和冰糖的材料及形狀是否相同？	能知方糖與冰糖之形狀不同之概念	求證	細心辨別	客觀	觀察	能以不同形狀來判定何種是方糖何種是冰糖	物性學
第四冊	（第一單元）齒輪玩具	·能將幾個齒輪組成齒輪組	齒輪組轉速的概念	求證	體驗	求真	實驗	能應用齒輪組到日常生活中	力學
		·數個齒輪能組成數種齒輪組	齒輪組轉速的概念	驗證	能多做多問，養成細心切實的工作習慣	能從對事物中心培養信心及樂趣求知動機	實驗	能應用齒輪到日常生活的工具	
		·由兩個齒輪的齒數可以操作出一齒輪轉一圈另一齒輪可以轉幾圈，又兩齒輪的轉向之異同	兩個齒輪轉數比是齒數反比的概念	驗證	體驗	求知動機及樂趣	應用數字、實驗	能應用齒輪組到日常生活中	
	（第四單元）認識方向	·能認識前、後、左、右	方向之概念	求證	體驗	客觀	應用時空	能應用到日常生活	物性學
		·能知道東、西、南、北等方向	方位之概念	求證	體驗	客觀	應用時空	能應用到日常生活中	
	（第五單元）空氣	·能察覺空氣的存在（利用塑膠袋、鑽洞的杯子察覺空氣的存在）	空氣含有多種氣體的概念	求證	體驗	尊重現實	觀察、實驗	能應用到日常生活中	物性學
		·空氣可以使蠟燭燃燒也可以提供人呼吸	空氣含有助燃成份之概念	求證	體驗	求真	觀察、實驗	能應用到日常生活中	
	（第七單元）奇妙的電	·能利用電線、燈泡、乾電池使燈亮起來	通電的概念	求證	體驗	求知動機及樂趣	實驗	可以應用到日常用電	電磁學
		·能判斷並操作課本組裝的電路能否使燈亮起來	通電的概念	驗證	體驗	好奇	實驗	可以應用到日常用電	

冊別	單元名稱	主要內容	學習目標（學習成果評量要項）						知識領域
			科學概念	科學本質	科學習慣	態度	科學過程	科學應用	
第四冊	（第八單元）氣泡和氣球	·能利用肥皂泡泡吹出泡泡	肥皂泡內氣體支撐薄膜的概念	求證	體驗	求知樂趣	實驗	能應用到日常生活中	流體力學
		·能察覺吹泡泡與吹氣球一樣均是氣體在裡面將其撐大的	肥皂泡內氣體支撐薄膜的概念	求證	體驗	客觀	觀察	能應用到日常生活中	
第五冊	（第一單元）月亮在哪裡	·能記錄月亮的位置（能記錄日期和時間）	月亮之位置與日期有關	求證	體驗	求知樂趣	觀察、測量	能以月形求農曆週期	天文學
	（第一單元）月亮在哪裡	·能利用拳頭數測量物體的高度	月亮之位置與日期有關	求證	細心辨別	能從對事物的瞭解中心培養信心及樂趣產生求知動機	觀察、測量	應用拳頭張角可量建築物高度角	天文學
		·能體察出月亮的位置會改變	月相會隨日期變化的概念	求證	體驗	求真	觀察	能以月亮之位置求當日時辰	
	（第三單元）水的蒸發	·能觀察水的蒸發	水蒸發的概念	求證	體驗	客觀	觀察	能應用到日常生活中	熱學
		·能觀察水蒸發以後跑到那裡去	水蒸汽的概念	驗證	體驗	求真	觀察、推理	能應用到日常生活中	
		·能瞭解空氣中有水蒸汽	空氣中含有水蒸汽的概念	求證	體驗	求真	推理、觀察	能應用到日常生活中	
		·能比較水蒸汽蒸發的快慢	蒸發有快慢之概念	驗證	細心辨別	客觀	觀察	可應用到日常生活中使蒸發或快或慢	
	（第七單元）指出位置來	·能說出物體所在的位置	能說出物體位置概念	驗證	細心辨別	求知樂趣	應用時空、傳達	能以座標描述位置	物性學
		·能準備讀出座標來	能說出物體位置概念	求證	細心辨別	求真	應用數字	能以座標描述位置	

冊別	單元名稱	主要內容	學習目標（學習成果評量要項）						知識領域
			科學概念	科學本質	科學習慣	態度	科學過程	科學應用	
第五冊	（第八單元）量量看	· 能利用兩個容器的兩兩比較誰的容量較大，然後排列出體積大小的順序	容積大小的概念	求證	能多做多問，養成細心切實的工作習慣	能從對事物的瞭解中心的培養信趣及樂知產生求動機	測量、推理、實驗、應用數字	應用到數學上比數目的大小	物性學
		· 將各個容器裝滿水，然後倒入量筒內去量各容器的體積並量排出容器外液體的體積	以容器裝置推估容積	求證	能多做多問，養成細心切實的工作習慣	尊重現實	觀察、測量	能應用到日常生活中	
	（第九單元）熱從哪裡來	· 能體認熱的來源	熱的概念	驗證	細心辨別	客觀	實驗	能應用到日常生活中	熱學
		· 能察覺哪些東西容易傳熱	導體的概念	求證	細心辨別	虛心	觀察、實驗	能應用到日常生活中	
		· 能知道固體，液體，氣體怎樣傳熱的。	固體、液體、氣體傳熱速度不同之概念	求證	細心辨別	客觀、求真	觀察、傳達	能應用到日常生活中	
第六冊	（第一單元）筷子斷了嗎	· 能察覺光透過裝水的型膠袋，光會有折射現象	光折射的概念	驗證	體驗	求知樂趣	觀察	利用折射求折射率	光學
		· 筷子放在裝水的杯子裡，筷子看起來會有折射的視覺現象	光折射的概念	求證	細心辨別	求真	觀察、應用時空	置於液體中的物體會有折射現象	
		· 光經肥皂泡或霧狀水會有散色現象	散色的概念	求證	細心辨別	客觀	觀察、應用時空	以散色及折射來求薄膜厚度	光學
	（第六單元）雲和雨	· 能察覺雲的形狀會改變	雲與氣候的概念	求證	細心辨別	求真	觀察	能以雲的形狀判定天氣	大氣物理
		· 能觀察晴、陰，雨天的雲之不同	雲與天氣關係之概念	驗證	細心辨別	求知動機及樂趣	觀察、分類、傳達	以雲判定氣候	
		· 能體察下雨時，天空上雲是怎麼樣的情形	雲與氣候關係的概念	驗證	細心辨別	尊重現實	觀察、分類、傳達	可以應用到氣象預測（報）上	

冊別	單元名稱	主要內容	學習目標（學習成果評量要項）						知識領域
			科學概念	科學本質	科學習慣	態度	科學過程	科學應用	
第六冊	（第八單元）測量力的小大	・能察覺出彈性的物體受力會產生長度或形狀的改變	形變與受力情形的概念	求證	多元辨別	求知動機及樂趣	觀察、應用數字、傳達	以彈簧當稱重工具	力學
		・彈性的物體的長度變化與受力大小有關	彈性物體長度與受力大小關係的概念	求證	體驗	求真	應用數字、測量	彈簧形變可以判定力的大小	
		・能作實驗測出彈簧長度與受力情形並作圖	彈簧伸長量與受力成正比的概念	求證	多元辨別	尊重現實	應用數字、實驗、傳達	可應用秤來稱物體的重量	
		・可以說出比較力之大小的辦法或工具	彈簧可以作為測量力的工具的概念	求證	多元辨別	求真	傳達	可應用到秤來稱物體的重量	
第七冊	（第一單元）月亮又圓了	・能觀察並記錄月亮的觀測記錄	月形與日期（農曆）的關係	求證	細心	能從對事物的瞭解中培養信心及樂趣產生求知動機	觀察、測量、應用時空	可以應用到判斷農曆日期與月形關係	力學
		・能找出月亮圓缺變化的規則	月亮圓缺變化規則之概念	求證	用心	求知樂趣	解釋資料、推理	以月之形及高度判定日期及時間	
	（第二單元）測量氣溫	・能使用溫度計	有溫度計熱脹冷縮功能的概念	驗證	親身體驗	客觀	測量、體驗	可以應用此原理到日常生活中	熱學
		・能使用溫度計測不同地方、高度之溫度	溫度會隨高度的不同而有所不同	驗證	細心	求真	測量、實驗、應用數字	以溫度差測高山的高度	
		・能體察氣溫是會因時間而改變	氣溫與時間關係之概念	驗證	體驗	求知樂趣	觀察、應用數字	以氣溫與時間變化應用到日常生活之穿衣農漁方面	
	（第四單元）聲音	・能體察聲音是物體振動所產生	聲音是物體振動產生之概念	求證	親自體驗	耐心	觀察、實驗	以聲音為訊號作為訊息依據	聲學
		・能瞭解聲音的高低、音色、大小是如何產生的	聲音的高低、音色、大小的概念	驗證	親自體驗	客觀	觀察、形成假設、推理、實驗	以聲音為訊號作為訊息依據	
		・能知道管樂器、弦樂器、簧樂器之異同	樂器不同音色不同之概念	驗證	辨別思考	堅毅	形成假設、分類	以聲音為訊號作為訊息依據	

冊別	單元名稱	主要內容	學習目標（學習成果評量要項）						知識領域
			科學概念	科學本質	科學習慣	態度	科學過程	科學應用	
第七冊	（第五單元）電路	· 能瞭解燈泡為什麼會亮	燈泡會亮是通電的概念	求證	體驗	求知樂趣	觀察、傳達	應用到家裡之電器上	電學
		· 能知道什麼是好的導體	導體的概念	驗證	細心	好奇	實驗、傳達	應用到家裡之電器上	
		· 能知道電路的串、並聯及電池的串、並聯的接法	串、並聯的概念	求證	細心	耐心	實驗、傳達	能利用串、並聯到家庭電器	
	（第七單元）物體受熱膨脹	· 液體受熱會膨脹，溫度計是利用此原理製成的	物體受熱膨脹的概念	求證	辨別思考	求真	觀察、應用時空、應用數字	應用到建築之伸縮縫	熱學
		· 固體受熱會膨脹	固體受熱會膨脹之概念	驗證	細心	求知樂趣	觀察、應用時空、應用數字	應用到鐵路、捷運之鋼軌伸縮縫	
		· 能應用物體熱脹現象於日常生活中	物體有熱脹現象之概念	求證	演繹思考	求知慾	實驗、觀察、推理	應用物體熱脹現象於日常生活當中	
第八冊	（第二單元）磁場和磁極	· 能認識磁場與磁極	磁鐵有NS概念	求證	細心	求知樂趣	觀察	製作羅盤針	電磁學
		· 能知道同性相斥，異性相吸的原理	磁極有同性相斥異性相吸之概念	求證	體驗	客觀	觀察、推理、實驗	製作羅盤針	
		· 會使用指南針	指南針是利用磁極做成的概念	驗證	細心	虛心	實驗、觀察	應用指南針指出方向	
	（第四單元）觀測太陽	· 能製作太陽位置觀測器	太陽位置可以用竿影之方位仰角推測之概念	求證	體驗	求知動機及毅力	實驗	能應用到日常生活中如何測物體之仰角	天文學
		· 要能觀測太陽的位置（高度、方位）	太陽位置可以用竿影之方位仰角推測之概念	驗證	體驗	求真	測量、應用時空、應用數字	能應用到日常生活中如何測物體之仰角	
		· 會畫製太陽高度角的變化圖	要能有時間當橫座標，太陽高度角當縱座標之概念	驗證	體驗	尊重現實	應用數字、應用時空	能應用到日常生活中如何測物體之仰角	

冊別	單元名稱	主要內容	學習目標（學習成果評量要項）						知識領域
			科學概念	科學本質	科學習慣	態度	科學過程	科學應用	
第八冊	（第五單元）針孔像	・能製作針孔成像並觀察針孔像	要有光直進之概念	求證	體驗	求真	觀察、實驗	應用到照相機原理	光學
		・能察覺針孔像的變化	針孔像有顛倒現象驗證	驗證	細心辨別	精確	觀察、實驗	應用到照相機原理	
	（第六單元）電路是怎樣連接	・能知道怎樣叫通路，怎樣叫斷路	通、斷路之概念	求證	細心辨別	求知動機	操作型定義	能應用到自動門的開關	電學
		・能測試數個接頭的電路其連接的形式	電路串聯並聯的概念	能由科學知識使我們作預測提出學說模型	能多做多問養成細心切實的工作習慣	精確	觀察、實驗、推理、測量、傳達	能應用到電路的連接方式於日常生活的電器中	
	（第七單元）空氣的流動	・能使流動的空氣推動風車	空氣的流動是動能的概念	求證	細心辨別	求知樂趣	實驗、觀察	能應用到風力發電	大氣物理
		・能觀測風向和風力並作記錄	風向和風力是氣團梯度變化的概念	求證	細心辨別	求真	觀察、測量	能應用到風力發電	
		・空氣會受熱上升，並可使紙蛇轉動	空氣受熱會上升的概念	求證	體驗	好奇	觀察、測量、實驗	能應用熱空氣上升原理到其他方面	
第九冊	（第五單元）力與運動	・能體察物體受了力	力的概念	求證	體驗	客觀	觀察、分類	能用物體運動判定淨力的大小	力學
		・能表示用力的情形	要有力圖之概念	驗證	體驗	求真	傳達、測量	能用物體運動判定淨力的大小	
	（第六單元）槓桿	・能體察日常生活中以槓桿做事	槓桿可以省力的概念	求證	體驗	求真	觀察、分類	應用槓桿於日常用品如剪刀等	力學
		・能調整並且使槓杆平衡器平衡並發現槓桿原理	槓桿平衡的概念	求證	體驗	求真	測量、應用數字、實驗、應用時空、形成假設	以槓桿應用到日常生活中	
	（第七單元）輪軸和滑輪	・能察覺出日常生活當中應用輪軸的物件	輪軸可以省力的原理之概念	求證	體驗	精確	觀察	應用滑輪到日常生活中	力學
		・能利用滑輪到日常生活當中	滑輪可方便作事的概念	求證	體驗	求真	觀察、測量、應用時空、應用數字	應用滑輪到日常生活中	

冊別	單元名稱	主要內容	學習目標（學習成果評量要項）						知識領域
			科學概念	科學本質	科學習慣	態度	科學過程	科學應用	
第十冊	（第三單元）物質狀態的變化	·能體察冰、水、水蒸氣的狀態變化	冰受熱變成水，水受熱成水蒸氣的概念	求證	體驗	求知樂趣	觀察、實驗	以水降溫結冰，製冰	熱學
		·水經加熱後變水蒸氣	水加熱後會變成水蒸汽之概念	求證	體驗	細心	觀察、實驗、傳達	使水增溫變成水蒸氣	
		·水蒸氣遇冷凝結成水滴、水滴遇冷結成冰	水蒸汽遇冷會變成水，水遇冷變冰的概念	求證	體驗	細心、耐心	觀察、實驗	水蒸氣遇冷變成水或冰的應用	
	（第四單元）電磁鐵	·能藉由磁鐵使羅盤指針發生偏轉	磁鐵會使羅盤針轉的概念	求證	體驗	求真	觀察、實驗	以羅盤判定方向	電磁學
		·通電的導線使羅盤指針發生偏轉	有電流磁效應的概念	求證	體驗	虛心、客觀	觀察、實驗	電流的磁效應的應用	
		·能製作電磁鐵吸引鐵釘	電磁鐵具有磁性的概念	求證	體驗	細心、耐心	實驗	應用電磁鐵	
	（第五單元）透鏡	·能區辨凸透鏡和凹透鏡	凸透鏡中央厚四周薄；凹透鏡中央薄四周厚	求證	體驗	求真	觀察、分類	可製作光學儀器	光學
		·能找出物體經凸透鏡所成的像	凸透鏡成倒立實像	驗證	體驗	求真	觀察、應用時空、測量	能應用凸透鏡使物體放大	
		·能利用凸透鏡使字體或物體放大	凸透鏡會有放大特性的概念	求證	體驗	客觀	實驗、觀察、測量	能應用凸透鏡使物體放大	
	（第八單元）太陽和季節	·能知道太陽會隨季節及每天不同時間高度角會不一樣	知太陽的高度與季節有關的概念	求證	體驗	尊重事實	觀察、測量	以太陽仰角判定季節	天文學
		·能體察陽光的直射與斜射會影響溫度	陽光直射與斜射影響溫度之概念	驗證	體驗	求真	觀察、解釋資料、測量	以直射、斜射來判定夏、冬季節	
		·能知道太陽高度角與季節的變化	太陽高度角與季節有關的概念	驗證	體驗	精確	觀察、測量、推理	以直射、斜射來判定夏、冬季節	

冊別	單元名稱	主要內容	學習目標（學習成果評量要項）						知識領域
			科學概念	科學本質	科學習慣	態度	科學過程	科學應用	
第十一冊	（第五單元）體積與重量	・能比較多或少	多少的概念	驗證	體驗	耐心	觀察、測量	體積與重量關係求密度	物性學
		・能利用天平測重（質）量並使用方法測體積	天平測量質量的概念	求證	體驗	虛心	測量、實驗	求密度與物體浮力的關係	
		・能求出重量與體積的比值	密度的概念	驗證	體驗	求知樂趣	應用數字	求密度與物體浮力的關係	
		・能由重量與體積之比值猜物體	能以密度來判定物體種類的概念	驗證	體驗	精確	測量、推理	應用密度判斷物體	
	（第八單元）四輪車與小山坡	・能觀察出車子的重量不同，會影響它停下來的難易程度的	車子重量會影響它停下來難易之概念	驗證	能多做多問養成細心切實的工作習慣	能從對事物的瞭解中培養信心及樂於求知動機	觀察、實驗、控制變因	如何將在斜坡上的運動體煞住	力學
		・能設計實驗以不同角度的斜面，令車子由距底端等距離處滑下，觀察哪一個推動滑車移動距離最遠。	滑車被移動距離與斜坡角度有關的概念	求證	能多做多問養成細心切實的工作習慣	精確	控制變因、實驗	如何將在斜坡上的運動體煞住	
		・觀察車子輕重量與停車難易程度之關係	車子輕重與停車難易有關之概念	驗證	能多做多問養成細心切實的工作習慣	客觀	觀察、實驗、控制變因	如何將在斜坡上的運動體煞住	
		・能探討影響停車難易的其他因素	車子輕重與停車難易有關之概念	驗證	能多做多問養成細心切實的工作習慣	能從對事物的瞭解中培養信心及樂於求知動機	控制變因、預測	如何將在斜坡上的運動體煞住	
第十二冊	（第三單元）電動機	・能製作簡單的電動機	電動機原理的概念	求證	體驗	耐心	實驗	可製作馬達	電磁學
		・瞭解電動機怎麼轉動	電動機轉動之概念	驗證	體驗	求知動機及毅力	觀察、實驗	可製作馬達	
		・能體察電動機轉動的情形	電動機之概念	驗證	體驗	客觀	觀察、實驗	能將電磁鐵的原理應用到電動機來	

　　在物理單元的分析中，有幾個單元是跨學科的，例如『空氣』單元涵蓋了物理和化學，又如『今天天氣好嗎？』、『認識方向』等單元橫跨了物理及地球科學，因此作者列舉出來的單元、物理科佔自然科的比重可能與其他學者分析結果有出入，依作者分析出來的資料，物理單元有45個，佔自然科總單元95個的47.4%。

　　由表2-1再依低年級、中年級及高年級劃分，物理科單元佔該年級自然科總單元數的比重關係如表2-2。

表2-2　物理單元在自然科所佔比重

年級	冊別	物理單元	物理單元數總和(1)	自然科總單元數(2)	物理單元所佔比重(1)/(2)
低年級	1	1	17	31	54.8%
	2	5			
	3	6			
	4	5			
中年級	5	5	18	34	52.6%
	6	3			
	7	3			
	8	5			
高年級	9	3	10	30	33.3%
	10	4			
	11	2			
	12	1			
總　計			45	95	47.4%

三、從知識領域來分析

　　從學科領域來分析可分屬於聲學、力學、熱學、大氣（地球科學）、物性學、光學、流體力學、電磁學、天文學，各知識領域所佔單元的比重如表2-3。

表2-3　物理單元的知識領域分析表

年級	單元數	知識領域別								
		聲學	力學	熱學	大氣	物性學	光學	液體力學	電磁學	天文學
低年級	9	2	1	1	1	5	2		2	
中年級	15	1	2	4	2	2	2		3	3
高年級	11		4	1		1	1		2	1
總　　計	35	3	7	6	3	8	5	2	7	4
佔物理單元部份的比重		8.5%	15.56%	13.33%	6.67%	17.78%	11.11%	4.44%	15.56%	8.89%

聲學：第一冊第四單元聽聽看、第三冊第六單元小話筒、第七冊第四單元聲音等單元，佔物理單元部份的6.67%。

力學：第二冊第一單元玩翹翹板、第四冊第一單元齒輪玩具、第六冊第八單元測量力的大小、第九冊第五單元力與運動、第六單元槓桿、第七單元輪軸與滑輪、第十一冊第八單元四輪車與小山坡等單元，佔物理單元部份的15.56%。

熱學：第二冊第二單元冷和熱、第六冊第九單元熱從那裡來、第七冊第二單元測量氣溫與第七冊第七單元物體受熱膨脹等單元，佔物理單元部份的13.33%。

大氣（地球科學）：第二冊第三單元今天天氣好嗎、第六冊第六單元雲和雨、第八冊第七單元空氣的流動等單元，佔物理單元部份的6.67%

物性學：第二冊第六單元認識方向、第三冊第四單元竿影和滴漏、第
　　　　三冊第九單元方糖和冰糖、第四冊第四單元認識方向、第四
　　　　冊第五單元空氣、第五冊第三單元水的蒸發、第五冊第七單
　　　　元指出位置來、第五冊第八單元量量看與第十冊第三單元物
　　　　質狀態的變化，佔物理單元部份的17.78%。

光學：第二冊第八單元影子遊戲、第三冊第五單元鏡子、第六冊第一
　　　單元筷子斷了嗎、第八冊第五單元針孔像、第十冊第五單元透
　　　鏡等單元，佔物理單元部份的11.11%。

電磁學：第三冊第八單元玩磁鐵、第四冊第七單元奇妙的電、第七冊
　　　　第五單元電路、第八冊第二單元磁場和磁極、第八冊第六單
　　　　元電路是怎樣接通的、第十冊第四單元電磁鐵、第十二冊第
　　　　三單元電動機等單元，佔物理單元部份的15.56%。

天文學：第五冊第一單元月亮在哪裡、第七冊第一單元月亮又圓了、
　　　　第八冊第四單元觀測太陽、第十冊第八單元太陽和季節等單
　　　　元佔物理單元部份的8.89%。而物理單元佔所有國小自然科
　　　　課本單元的47.7%。

　　　由物理單元分佈顯然以物性學所佔的比例最高17.78%；以流體
力學所佔的比例最低僅佔4.44%，其他依次是由電磁學、力學各佔
15.56%，熱學佔13.33%，光學佔1.11%，天文學佔8.89%，大氣（地
球科學）及聲學各佔6.67%。

　　　各單元教材的編排均重視SAPA（Science-A Process Approach）的
課程，低年級至高年級由較簡單的分類、觀察著手而進入相當程度的
統整單元，諸如：應用時空、應用數字、控制變因、推理、實驗等，
當然有些對國小學生而言是稍難的單元，諸如：電動機之製作。也可

以從表2-2看出物理單元在自然科所佔比重,由低年級的54.8%、中年級的55.6%至高年級的33.3%有逐年下降之趨勢,主要的因素是愈高年級加入與日常生活息息相關的環境教育及地球科學單元的原因,相對的物理單元減少,而愈高年級物理單元難度也較高,不宜安排太多單元,也是物理單元比重下降的因素。

四、從自然科教科書之單元來分析
（以國立編譯館民國八十四年版為準）

從自然科教科書整體的角度看,可分為物理、化學、生物、地球科學及環境教育,其中物理單元部份佔自然科全部單元的47.37%,化學單元部份佔10.52%,生物單元部份佔27.37%,地球科學及環境教育及其他共佔14.74%,分析的結果發現物理佔的比例居多,化學佔的比例最少,而生物、地球科學、環境教育及其他佔的比例介在中間,從現有的自然科教科書之單元分析來看,課程的分配朝各科成份均衡方向發展雖然電腦課在小學部份學校已彈性開放一週一節課,若是能在教育部頒發課程綱領下加入如資訊科學等入門課程,將會更好。資訊科學在未來的生活當中是不可或缺的科技,尤其教育部公佈的九年一貫課程中,七大領域十大能力便含有自然與生活科技。這更說明了未來自然科與生活科技在國小的階段統整的趨勢。未來,自然科學的編撰,作者認為必須考慮主題式的編寫,強調自然科與日常生活的配合及科技整合的必要性。

參

國小自然科有關物理單元之教學方案舉要

一、合作學習教學方案

二、應用概念圖教學方案

三、建構主義教學方案

四、迷思概念發掘教學方案

五、概念發展教學方案

　　國內現行自然科在教學法的運用上，教師多因教學單元的內容、特性而有不同的實施方式。其中除了一般常用的實驗法、實作法以及觀察法之外，曾被科學教育研究人員延用於教學實驗的，還有發現教學法、合作學習教學法（陳瓊森，民84）、概念圖教學法（黃台珠，民83、84；黃萬居，民85）、啟發式教學法等（鍾聖校，民84），在中低年級的單元中以發現教學法及合作學習教學法較適用，應用概念圖的教學法及合作學習教學方法及啟發式教學法則較適用於高年級。尤其是概念圖教學法要施行於自然科，作者認為知識較豐富、有較多科學概念的高年級學生才有辦法建構主概念、次概念、聯結相關的例子並進一步畫出它們之間的關係。而中、低年級自然科單元以週遭事物為主，觀察分類的活動較多，以發現教學法及合作學習教學法進行自然科活動較適合。

　　作者從事科學教育工作雖然已有二十幾年，唯近幾年來對於合作學習教學法以及應用概念圖的教學、建構主義教學、迷思概念發掘教學及概念發展教學諸方案之實證性研究，投入較多時間，心得也較多，故本著作即以此數項教學法的舉述為主。

自然科適用之教學法

　　適合國小自然科的教學法，大體可分為下列幾項：(1)合作學習的教學法、(2)應用概念圖教學法、(3)建構主義的教學方法、(4)迷思概念發掘教學法、(5)概念發展教學法、(6)學習環教學法、(7)角色扮演教學法、(8)講述法、(9)討論教學法、(10)問思教學法、(11)概念改變與類比教學策略方法、(12)問題解決的教學法。

(1)合作學習教學法

合作學習有團隊遊戲模式、團隊輔助個別化模式及小組探討模式等。

合作學習的特點：

①學生會有較強的自我尊重（Self-Esteem）。

②有較良好的溝通技巧表現。

③學習能力較高的學生幫助學習能力較差的學生。

④增加了師生雙向溝通的機會。

⑤學生負有責任使同組的同學學好指定的材料。

⑥學生必須知道他們有相同的目標。

⑦學生必須分攤組內的責任。

⑧學生輪流擔任領導者。

(2)應用概念構圖教學法

美國學者Novak認為概念可以用階層方式，劃分主概念及次概念，若能以此出發，學生以階層方式，將概念、次概念間的關聯一一釐清，可使學習科學變成有條不紊且事半功倍。美國學者如Barenholz（1992）及Beyerbach（1990）對概念圖教學法不遺餘力的推廣，國小自然科教學也可以適用此法，增添自然科教學的多元性，實不失為自然科教學之另一選擇。

(3)建構主義教學法

建構主義教學是依據主動原則、適應原則及發展原則三個原則設計的。主要觀點是認為知識是由學習者主動建構形成的，認知的功能是適應性的，用來組織經驗世界而非發現本體。發展原則，認為知識是透過皮亞傑不平衡（Unequilibrium）、同化（Asimilate）、適應（Accommodation）發展成長的。

建構主義的教學之特點是：

①以學生為主。

②教學需配合實驗，概念必須交代清楚。

③讓學生產生對科學的興趣。

(4)迷思概念發掘教學法

民國八十年代以來，國內部分學者已從主流研究轉移到關心學生個別差異之研究，諸如迷思概念。迷思概念發掘教學，一方面做為編排教學單元順序之依據，一方面矯正學生的迷思（Misconceptions）。所謂迷思概念發掘教學就是按個別差異教學，使教師能意識到學生可能有哪些迷思（Misconceptions），如何矯正患有迷思（Misconceptions）之學生的概念，以達教學之單純性，鼓勵國小教師勇於嘗試並推廣至小學自然科教學。

(5)概念發展教學法

在概念發展教學中，教師如果瞭解學生的概念，教學會事半功倍。此法考慮到年齡是概念發展之重要因素，學生概念之發展可以提供教師作為採用教學順序及方法的依據，適用於國小自然科之教學。

(6)學習環的教學法

學習環（Learning cycles）的教學法，包括了三部份：探索（Exploration）、解釋（Explanation）、應用（Application），在三部份中每一環扣住另一環，以下方例子說明。

探索：聲音的頻率是否與弦振動的長度有關，亦即在張力固定下，撥彈的弦愈短則頻率愈高。

解釋：教師解釋頻率與振動弦的長度的關係，例如頻率的高低與弦振動的長度成反比，亦即弦振動長度為原振動長度之一半時，其頻

率會增加一倍。

應用：應用頻率與振動弦長的關係到弦樂器的製作。

由探索、解釋、應用三個教學活動部份所構成者，即為學習環教學法，也就是自然科教學方法之一，值得自然科教師在概念教學時教學之參考。

(7)角色扮演教學法

角色扮演的教學是根據單元之主題，賦予學生角色，配合主題扮演。參加的學生必須角色清楚，而教師與其他學生則為觀眾，教師藉著演戲讓學生瞭解該單元的概念。

此角色扮演教學法的特點：

①探索感受。

②探討人們的高度價值及覺察力。

③培養解決問題的能力及態度。

④探討教材內容。（楊榮祥，民74）

適用角色扮演教學法通常是其環保意識、月球、地球與太陽的運動、方向與空間、電流等單元。

(8)講述法

教師以口頭傳達的方式進行的教學稱為講述法。學生只用耳聽、眼看，而很少發表自己的意見及發問的機會，教師對全班講解的資料，內容是一樣的，並未考慮到學生的個別差異，以及多樣化教具的使用。

此講述法的教學優缺點如下：

優點是：

①經濟。

②方便。

③適用於知識結構嚴密、概念系統完備的內容。

缺點是：

①忽略學生認知程度。

②養成記誦知識。

③減低師生互動關係。

④抹煞學生興趣。

(9)討論教學法

　　討論教學法的重點在於學生和學生、學生與老師，藉由問題之討論澄清問題，利用學生的相互討論來改變思考方式促進認知之發展。Kohlberg認為討論教學法可分為開放式討論（Open discussion）、計畫式討論（Plannned discussion）和正式辯論討論（Formal debate）三種。

　　討論教學法的特點有：

①能訓練口語傳達能力。

②培養尊重他人意見胸懷。

③腦力激盪、擴展範圍。

④刺激學生多讀書。

⑤不善言辭的學生常被忽略。

⑥常缺乏動手做實驗。

⑦並非每個自然科單元均可採行此法。

(10)問思教學法

　　問思教學法是藉著發問，刺激學生的興趣，培養學生獨立思考的能力，由發問及回答的師生互動關係，讓學生得到更多更正確的概

念，問思教學使學生在教師提出問題時，用心思考答案。

問思教學法的特點：

①問思教學在師生一問一答間，若有學生回答不清晰者，其他同學
可以加以補充，互相腦力激盪。

②問思教學可以訓練學生解決問題之能力。

③可使師生互動頻繁。

(11)概念改變與類比教學策略方法

國小學生對自然科學的概念往往有迷思概念，而這與科學家不盡
相同的概念可以經由概念改變（Concept change）的教學獲得正確的
概念。有專家學者認為可藉著蘇格拉底詰問式的方法來導正概念，使
其合乎科學家的概念，也可以使用類比教學策略法來引導概念改變，
諸如於水流內置放小胡蘿蔔片而使其隨水流循環流動，水流類比電
流、胡蘿蔔片類比電子，這種教學法可以實施於有迷思概念的學生，
使之獲得符合科學家的科學概念。

此教學法的特點有：

①有效利用類比教學法、概念衝突教學法使學生改變概念。

②概念改變學習法有時也會讓學生產生其他的迷思概念，利弊參
半，宜謹慎使用。

(12)問題解決教學法

問題解決教學法是藉著自然科學的概念，處理假設性的狀況。
例如：『有一頭牛，無法以最高限為100公斤重的磅秤來稱，請問小
朋友該如何稱出這頭牛的重量？』這便是首先要提出的假設性狀況問
題，然後要求學生以自然科浮力相關的概念來解決稱牛重的問題。此
時學生可以借助於阿基米得浮力原理，浮力等於物重的概念，例如，

將牛置於停靠河岸的船上，看船之吃水量多少，並在其船舷水位線作個記號，然後將牛牽回岸上，再以石子填入船上並補至船舷的水位線等於記號的水位線處，接著將石子取出並秤其重，將石子分堆，每堆以不超過磅秤稱重之最高限100公斤重，然後疊加起來即為此牛之重量。又例如：『在沒有電梯設備的公寓建築中，欲將一鋼琴由樓下搬到三樓，應如何搬上去呢？』此即為拋出的問題，學生可以回答用滑輪組來解決此問題。老師藉著拋出問題方式來刺激學生以科學方法、概念來解決問題的教學法，是目前自然科教學法之一。

在這些教學法中，作者以合作學習教學法、概念圖教學法、建構主義教學法、迷思概念發掘教學法及概念發展教學法為例，列舉於下。

一、合作學習教學方案

(一)緒論

(甲)中外文獻的研究

Sparapani（1994）在其大作「合作學習：教師知道關於合作學習是什麼且何時使用它」（Cooperative learning: What teachers know about it and when they use it）中，強調若要實施合作學習的教學，教師必須先經由研習、閱讀、同事間的相互切磋，以及從專業學會或組織獲得此方面的可用資訊，方能充份發揮合作學習教學方案之精髓。

同時幾種合作學習模式諸如：團隊遊戲模式、團隊輔助個別化模式（TAI）、小組探討模式等皆應交互使用，不宜單獨使用一種合作學習教學模式，因為單獨使用一種合作學習教學模式會很單調乏味；而合作學習教學法的好處是可增強學生的社交能力，教師對於使用合作學習法實施教學亦感到興奮。

在Blosser（1993）的研究裡提出合作學習，可促進學生之間的積極性依存關係（Positive interdependent），學生與學生有面對面交互作用之機會（face to face interaction），每個學生都必須參與小組的討論，進而從同儕當中得到許多的科學概念及出乎意料的構想。

又據作者本人在教學過程中的觀察，學生與學生間的交互作用的確頻繁，學生參與組內的討論亦非常積極。實驗組同學間之相互討論時間顯然比控制組學生間的互動頻繁，也較易與同組的同學相互分享自己對科學概念的構想。

在Geer（1993）的研究報告裡，總計動用了15位教師及1185位學生。其研究結果顯示，經過合作學習教學方案的學生會有較強的自我尊重（self-esteem）；在合作學習班的學生比傳統教學班的學生有較良好的溝通技巧表現；合作學習教學班裡的學生改善了同儕間敵對的氣氛，並進一步塑造非威脅性、非競爭性的同儕小老師制的氣氛。亦即合作學習能有融洽的組間互動，學習能力較高的學生幫助學習能力較差的學生。在同一組內的成員雖然具有成績表現異質性（heterogeneous）的特性，但卻改變傳統教學中只有老師講授學生聽講的單方向傳授知識之途徑。

在多方面的分析合作學習教學，其實也相當程度的訓練每組組長、協調統整組裡的討論、培養學生的領導能力及管理技巧；訓練學

生的批判性思考技巧，因此學習能力平均提升了，更不吝於與同儕一起討論，共同激發新的構想。

另據參與合作學習教學方案的小學老師反映，合作學習是一種同儕學習，而在沒有老師壓力下，其學習效果顯然不錯。有些衛生習慣不好的學生，個性較孤僻，剛開始參與合作學習時，較不易為組內成員所接受，但經合作學習的教學以後，由於同儕間也有一種制約力量，可以改變其不良的衛生習慣，而社交互動能力也無形當中加強了。

Chang及Lederman（1994）在物理實驗上使用合作學習，以驗證物理科學習效果。他們選用兩類樣本學校，一是在大學附近的國中，一是在鄉鎮的國中，每校均取三班，一班為傳統教學，另外兩班採用合作學習（其中一班的成員被指定不同角色，另外一班的成員則未被指定角色），全部樣本學生人數是141人。而採用合作學習及傳統教學，樣本學生的成就經共變數的變異數分析，發現兩個學校的受試並沒有因不同的教法而使其物理科學習效果差異達統計之顯著水準。

但有若干研究結果並不太一致，如Lazarowitz et. al（1994）的合作學習教學方案則以學術成就和情緒上的表現為考驗項目，使用吉格索群組（Jigsaw-group）精熟學習的教法。其研究樣本包括73人實驗組的學生及47人控制組的學生，一共學習五週。經由前後測結果，以共變數變異數分析後，發現實驗組在自我尊重（self-esteem）及朋友數增加方面，較控制組為優，其差異亦達統計上的顯著水準；其他方面如結合力（cohesive）、合作（cooperative）、競爭（Competition）以及對地球科學的態度（attitude toward earth science），則兩組間之差異並未達統計之顯著水準。

(乙)文獻中發現合作學習的特點

Lundgren（1994）將合作學習界定為：(1)學生必須接受他們浮沉與共的觀念（sink and swim together）；(2)學生必須對同組的他人有責任，使大家學好指定的材料；(3)學生必須知道他們有相同的目標；(4)學生必須分攤組內的責任；(5)學生必須知道對整個組只有一評量；(6)學生輪流擔任領導者；(7)個別學生對其合作學習組有責任。

Lundgren（1994）經比較合作學習組與傳統教學組之間的差異後指出：(1)合作學習是由成員共同擔任領導，而傳統教學卻只有一個領導者；(2)合作學習組是異質性，但是在傳統教學組卻是同質性；(3)合作學習中，老師的角色是支持，而傳統教法中，老師之角色是主導；(4)學生對於合作學習的成果應該是群組的集體產品，而傳統是屬於個人的產品；(5)合作學習是以整個組來評量，而傳統學習是屬於個別評量的；(6)合作學習是強調在作業和合作的關係面，而傳統學習只強調作業；(7)成就在合作學習裡是屬於團體所有分子的成就，而在傳統教學裡成就是屬於個別的成就。

Lundgrea（1994）更提出合作學習對低成就學生的學習具有下列益處：(1)增加其在作業上的時間；(2)有較高的自我尊重；(3)改善其對科學性向及對學校的觀感；(4)增加出席率；(5)降低人際衝突；(6)有較大的動機；(7)有較高的成就；(8)有較長的記憶力；(9)增加善良，增加敏感度和容忍度；(10)減少對人的冷淡；(11)加深對自然科概念的理解；(12)更能接受個別差異；(13)能減低退學率。

另就合作學習教學方案中的教師角色而言，其特色如下：(1)在

合作學習中，老師是學生學習的支持者，而在傳統教學中老師是主導者；(2)在合作學習中，老師是再導引問題者，而在傳統教學中，老師是回答問題者；(3)在合作學習教學中，老師是社會技巧教導者，而在傳統教學中老師是訂規則者；(4)在合作學習中，幫助學生評量群體的工作成果，而在傳統教學中是評量個人的；(5)在合作學習中提供資源，而在傳統教學中是對主要資源服務。

　　合作學習可以使學生及早適應今日的社會，提升了主動的學習，學生間相互討論，在一起工作會比被動地傾聽學得更多。合作學習可以使學生培養出尊重多元化社會的修養，合作學習建立了合作技巧：諸如溝通、互動、合作計劃、分享構想、作決定、透過輪流工作交換整合構想，且不用花太多經費就可以提升學生的學業成就。

(丙)本研究目的：

　　我國正值教育改革，如何使用不同的教學方法，提升學生的學習成果，使高、中低學業成就的學生均有所收穫，又為適應目前社會的變遷：引入合作學習教學方案可以提升學生尊重多元化社會的每種類型的人、事及物，建立合作技巧，溝通互動、分享構想，使我國自然科學教學更趨完美理想。

(二)研究方法

1. 實驗樣本：
　　首先由台北市選取編制大於四十班以上的學校四所。選取樣本

學校時，必須考慮本項教學實驗需要整整一個學年的時間，而又不能
打破原先的班級結構，更不能妨礙樣本學校的正常行政運作，諸如變
動功課表，或隨機抽取不同班級的學生等，故要選取授課老師及行政
主管樂於配合此項教學實驗之學校，據此選取北市某實驗小學、士林
區某國小、北投區某國小、中山區某國小等四個學校，每校選取五年
級兩班為樣本學生，每班人數則由32人至43人不等。再將每校兩班學
生，隨機指派其中一班為實驗組（採用合作學習的班級），另外一班
為控制組（採取傳統教學之班級）。四所樣本學校的取樣總人數是實
驗組138人，控制組137人，兩組人數幾乎相等，兩組內的男女生比率
也很接近，其詳細分配請參閱表3-1。

表3-1　四所樣本學校的人數統計表

樣本學校	實驗組人數			控制組人數			統計		
	男	女	合計	男	女	合計	男	女	合計
一	23	19	42	20	21	41	43	40	83
二	18	15	33	18	17	35	36	32	68
三	14	16	30	16	16	32	30	32	62
四	17	16	33	18	11	29	35	27	62
合計	72	66	138	72	65	137	144	131	275

2. 實驗設計

　　採用準實驗設計中的「不相等控制組設計」。四所樣本學校均將
其中之一班指定為實驗組，另一班為控制組。亦即，實驗組學生在上
自然科的相關單元時，要採用合作學習方案；而控制組的學生則採取
傳統教法。此項準實驗設計的特點是實驗組與控制組在實施實驗處理
之前後均給予受試者前測與後測，但兩組受試則無法採用隨機取樣、

隨機分派之方法。因本項教學實驗研究受到現實條件的限制下，既不能打破原有的班級編制，又不能隨機逐一指派（assigned randomly）樣本學生到實驗組或控制組，以致實驗組與控制組的兩組樣本無法相等。故不得不採用此種準實驗設計。可能一般的教學實驗都會遭遇此等困難。

(1)自變項：本項教學實驗的主要自變項為採用「合作學習的教學方案」與「傳統教學法」之不同教學方法，故簡稱為教法變項；其餘變項尚有校別、性別等非由實驗者所操弄的變項，故先把主要的教法變項說明如下：

　　「合作學習方案」是先將全班分組，每一組為四至六人，而每一組的學生有二位該科優等生，二位中等生及二位成績較差的學生，全班約分成6～7組。任課老師均須遵守合作學習的下列教學要則：第一，採用合作學習的實驗組，教師在課堂上提出的問題，學生必須先行組內討論，有了討論結果才回答老師的問題。第二，合作學習的目的是要鼓勵學生去幫助組內同學之學習，著重學生間的互動學習，亦即學習較快的學生要教導學習較慢的學生。同時，學習能力較快的學生，又可藉教導學習較慢的學生而使其本身能對教材內容有更深一層的瞭解。學習能力較緩慢的學生則經由組內同學的協助而得到益處。第三，加強合作學習的動機，藉由團隊或組間的競賽，使得一些在個別化競賽中無法獲勝的學習緩慢者也能夠有機會獲勝，而使其有成就感。第四，合作學習可以發展與改進族群關係。「傳統的教學法」則讓班內學生自己個別學習，不刻意安排同學或同儕的幫忙，亦較少將學生分組學習；同時，老師提出問題後並不需要同學分組先行討論，有了結果再回答問題。控制組學生是採用傳統教學。

(2)**依變項**：依變項的評量分為兩個項目，一是經過實驗教學後所得
的科學素養分數，包括：①科學本質②科學概念③科學過程④科
學應用⑤思考習慣等五種分數。此等分數是藉自編的兩套試卷測
試所得。其中一套用於前測，另一套用於後測。兩套試卷的內容
大體上相同，只是題號順序及題材略有不同而已（請參閱附錄
甲）。另一項變項是有關社會互動情形之評量，係依據受試者的
朋友人數之多少來評估。最後則由任課教師及實驗主持人提出心
得報告，茲分別說明如下：

①科學素養試卷之編製

　A.編製經過：由實驗者編製一份試題後，找三十名學生做預試
　　（Pilot study），以便探討題目是否適合五年級學生，選材用
　　字是否為國小五年級學生所理解。預試後便進行試題修改。為
　　了前測與後測之需要，試題發展兩套，在進行合作學習教學之
　　前先使用第一套進行前測，而在整個教學完畢之後使用第二套
　　進行後測。前測與後測試題在設計上均相對應，包括題目的性
　　質、效度（專家效度）、信度均儘量維持在相同的條件之下。

　B.試題的內容：涵蓋國小自然科學第九冊的第五單元的力與運
　　動，第六單元的槓桿，第七單元的輪軸與滑輪。試卷的編製依
　　據科學素養的下列幾個學習目標來選題：(1)科學本質、(2)科
　　學概念、(3)科學過程、(4)科學應用以及、(5)思考習慣。試題
　　全部採用紙筆測驗；但多數題目均有圖示，作答方式採用選擇
　　題和問答題兩種。為了避免學生對於前測的殘餘記憶及死記前
　　測的答案，作者特將兩套試卷的題目順序做了不同的調整，後
　　測的1至10題為前測試卷的21至30題，後測試卷的11至20題為

前測試卷的1至10題，後測試卷的21至30題為前測試卷的11至20題。又以前測的題序作為下列五種類型的分配（請師院有關教授作專家效化與分析）：

(1)科學本質：含第7, 14, 19題。

(2)科學概念：含第1, 4, 9, 10, 13, 16, 17, 20, 21, 24, 25題。

(3)科學過程：含第22, 23, 26題。

(4)科學應用：含第2, 5, 11, 12, 15, 18, 27, 29, 30題。

(5)思考習慣：含第3, 6, 8, 28題。

C.給分辦法：每題的給分則根據題目的難易及繁簡最高給予2分或1分，此等給分標準則由專家認定，總題目有三十大題，若連同小題一起計算共59題，總分為71分。大部份答案的給分標準分成A（答得完整）；B（部份答對）；C（回答不知所云，或學生誤會題意而答錯），D（沒答或空白）。C，D的給分是零分，A可得滿分（2分或1分），B則得單題配分之半（但如果A是1分，則B的配分為0分）。有少部份答案則分為R（答對）或W（答錯）兩類，R可得滿分，W則得零分。

②社會互動之評量：亦即評量教學前後的每一位受試者的交友人數增減情形。在教學實驗開始之前，先讓每一位受試者寫出現有的好朋友姓名，由於合作學習教學，學生組內互動頻繁、社會互動技巧提升，其社會互動技巧轉移至日常生活之交朋友技巧。合作學習教學實驗結束後再讓學生寫下現有的好朋友的姓名，然後再統計分析實驗組與控制組的平均交友人數。

3. 實驗程序

準備工作是從八十四年元月開始，從參與教學實驗學校的選取，

擔任合作學習教學的教師教法訓練，一直進行到六月底。七月～八月進行前測、後測用試卷的製作，實驗組和控制組的教學活動是由九月一日開始至八十五年元月方結束。每一節自然科學的課，作者均至課堂觀察實驗教學的進行，並隨時給授課老師所需要的幫忙，諸如：隨時指導他們如何採用合作學習教學法，如何把握實驗組及控制組的教學方式重點，以及隨時提供他們所必要的教學支援。其研究流程如圖3-1

4. 統計處理：

　　實驗教學期間為一個學期。在學習前兩組先行進行前測，學習後再舉行後測，最後將四所學校的答題資料進行電腦的統計分析。研究者擬分析出校際間之差異是否達統計之顯著水準，又男女性別對於合作學習教學，其差異是否達統計之顯著水準，實驗組與控制組間之差異是否達統計之顯著水準。又實驗組和控制組在(1)科學本質（Science namre）、(2)科學概念（Conception of science）、(3)科學過程（Processes of science）、(4)科學應用（Applications of science）及(5)思考習慣（Habits of mind）等五種學習目標方面之得分差異是否達統計之顯著水準。其統計分析採用共變異數分析（Analysis of Covariance）。

整個研究方法及步驟的流程

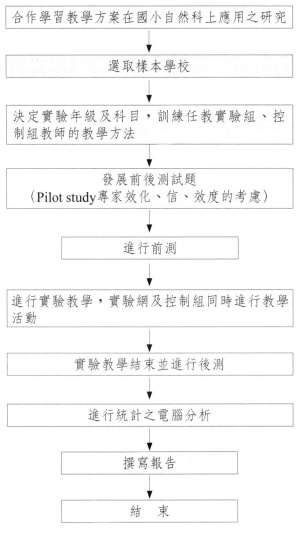

圖3-1　整個研究流程

(三)結果與討論

1. 科學素養得分分析

(1)不同組別受試的科學本質得分比餃

　　不同樣本學校的兩組學生，在科學本質分類測驗上之得分（平均分數與標準差）列於表3-2，經過共變異數分析結果，各變項間之F值及P值則如表3-3所示。

表3-2　各組樣本所得「科學本質」得分之比較

| 校別 | | 實驗組 | | | | 控制組 | | | |
| | | 前測 | | 後測 | | 前測 | | 後測 | |
		N	M	SD	M	SD	N	M	SD	M	SD
一	男	23	1.39	0.78	2.77	0.86	20	1.55	0.68	2.81	0.73
	女	19	1.26	0.80	2.31	1.00	21	1.20	0.95	2.55	0.68
二	男	18	1.73	0.45	3.16	0.61	18	1.66	1.08	2.72	0.82
	女	15	1.07	0.61	2.80	0.86	17	1.17	0.72	2.64	0.60
三	男	14	1.57	1.01	2.35	0.74	16	1.50	1.09	2.52	1.30
	女	16	1.56	0.96	2.06	0.85	16	1.43	0.96	2.30	0.94
四	男	17	1.35	0.70	2.45	0.93	18	1.72	0.89	2.58	0.66
	女	16	2.00	1.93	2.90	0.86	11	1.27	0.46	3.05	0.82
合計		138	1.49	0.99	2.63	0.89	137	1.44	0.89	2.66	0.85

　　從表3-2的統計看來，四所樣本學校全部實驗組（採用合作學習教學方案）的後測「科學本質」得分（M=2.63，SD=0.89）是比前測得分（M=1.49，SD=0.99）進步許多（相差1.14分），唯控制組的後測得分（M=2.66，SD=0.5）亦比其前測得分（M=1.44，SD=0.89）進步很多（較前測多1.22分），故就教法變項而言，兩組得分之進步程度，經共變數分析，請參考表3-3的結果，並未達顯著

差異水準（F=0.006，P>0.10）。校別間的得分差異則達統計上的顯著水準（F=4.693，P<0.001）；性別變項的得分差異亦未達顯著水準（F=3.504，P>0.05）。

表3-3　各變項的「科學本質」得分之差異比較

變項	df	F值	P值
校別	3	4.693	0.003
性別	1	3.504	0.062
教法別	1	0.006	0.937

(2)不同組別受試的科學概念得分比餃

　　不同樣本學校的兩組學生，在科學概念測驗上之得分（平均分數與標準差）如表3-4，經過變異數分析結果，其各變項間之F值及P值則示於表3-5。

表3-4　各組樣本所得「科學概念」得分之比較

校別		實驗組				控制組			
		前測		後測		前測		後測	
		N	M	SD	M	SD	N	M	SD	M	SD
一	男	23	9.87	4.11	19.54	6.66	20	9.50	2.32	19.45	4.71
	女	19	10.31	2.35	18.68	4.55	21	11.20	4.42	19.05	3.22
二	男	18	9.63	3.46	20.50	4.32	18	11.83	4.50	22.83	5.27
	女	15	8.21	2.29	20.13	5.76	17	9.00	3.00	22.05	3.34
三	男	14	10.21	3.04	16.64	4.94	16	9.62	5.32	17.10	6.30
	女	16	9.75	3.43	17.12	2.94	16	8.68	2.98	17.84	3.71
四	男	17	11.23	6.77	18.72	3.60	18	10.11	2.61	17.16	6.78
	女	16	8.75	2.14	20.31	3.04	11	9.81	3.12	18.29	3.44
合計		138	9.79	3.77	19.29	4.70	137	10.02	3.73	19.34	5.01

表3-5　各變項的「科學概念」得分之差異比較

變項	df	F值	P值
校別	3	8.26	0.00
性別	1	0.073	0.787
教法別	1	0.003	0.96

　　從表3-4的統計資料得知，全部實驗組（採合作學習教學方案）的「科學概念」後測平均得分（M=19.29，SD=4.70）是比前測得分（M=9.79，SD=3.77）進步9.50分，唯控制組（採傳統教學法）的前後測科學概念平均得分差異分數亦達9.32分，兩組得分之進步程度，經共變數分析結果並未達統計上的顯著水準（F=.003，P>.10）。校別間的得分差異已達統計上的顯著水準（F=8.26，P<.001），性別間的得分差異亦未達到統計上的顯著水準（F=0.073，P>.10）。

(3)不同組別受試者的科學過程得分比較

　　不同樣本學校的兩組學生，在科學遇程測驗上之得分（平均分數與標準差）如表3-6，經過變異數分析結果，其各變項間之F值及P值，則示於表3-7。

表3-6　各組樣本所得「科學過程」得分之比較

校別		實驗組				控制組			
		前測		後測		前測		後測	
		N	M	SD	M	SD	N	M	SD	M	SD
一	男	23	0.65	1.071	2.95	1.67	20	0.40	0.75	3.40	1.62
	女	19	0.21	0.53	2.21	1.43	21	0.30	0.65	3.25	1.55
二	男	18	0.52	1.26	3.83	1.79	18	1.11	1.36	2.72	1.96
	女	15	0.27	0.26	2.40	2.13	17	0.47	0.87	2.58	1.17

校別		實驗組				控制組				
		前測		後測		前測		後測		
		N	M	SD	M	SD	N	M	SD	M	SD
三	男	14	0.28	0.82	2.35	1.69	16	0.43	0.01	1.73	1.44
	女	16	0.25	0.57	1.25	1.00	16	0.93	1.61	2.15	1.86
四	男	17	0.58	1.00	1.63	1.50	18	0.33	0.59	1.83	1.11
	女	16	0.31	0.60	1.45	1.10	11	0.18	0.60	1.58	1.58
合計		138	0.38	0.85	2.29	1.72	137	0.52	0.99	2.48	1.67

表3-7　各變項的「科學過程」得分之差異比較

變項	Df	F值	P值
校別	3	10.12	0.00
性別	1	3.96	0.047
教法別	1	0.245	0.621

　　從表3-6的統計資料得知，不管是實驗組或是控制組「科學過程」的前測得分都很低，多數都不到1分，而且其標準差都比其平均數來得大。推究其原因是評量科學過程的三個題目都屬於解決問題的題目，要受試者提出解決問題的具體辦法。因其解答方式採用開放式，致使測試者間的得分差異較大。這一類的題目有如：①小朱要搬100公斤重的東西上三樓，但是她最大的力量只能拿起30公斤重的東西，但她有四種工具可供使用（輪軸一個，定滑輪一個，動滑輪一個，粗繩一條），請你幫他設計一下（前測第22題）。唯兩組受試的後測得分均有很大進步。亦即，實驗組的前測得分（M=0.38，SD=0.85）與後測得分（M=2.29，SD=1.72）的差異是1.91分，控制組的前測得分（M=0.52，SD=0.99）與後測得分（M=2.48，SD=1.67）的差異亦達1.96分，兩組的得分差異並未達統計上的顯

著水準（P>0.10）。而性別間的得分差異達顯著水準（F=3.96，P<0.05），又校別間的得分差異達顯著水準（F=10.12，P<0.001）。

(4)不同組別受試的科學應用得分比較

不同樣本學校的兩組學生，在科學應用測驗上之得分（平均分數與標準差）有如表3-8，經過變異數分析結果，其各變項間之F值及P值，則如表3-9。

表3-8　各組樣本所得「科學應用」得分之比較

校別		實驗組				控制組			
		前測		後測		前測		後測	
		N	M	SD	M	SD	N	M	SD	M	SD
一	男	23	6.87	2.58	12.50	5.05	20	8.55	2.56	12.77	4.38
	女	19	6.68	2.47	11.94	3.17	21	7.30	3.08	12.00	2.90
二	男	18	6.84	3.67	15.50	3.83	18	8.16	3.13	12.77	3.78
	女	15	7.07	3.73	14.46	5.05	17	7.11	2.23	11.00	2.85
三	男	14	8.21	3.21	9.42	4.39	16	7.00	3.52	9.10	3.69
	女	16	9.18	4.00	10.43	3.79	16	7.56	3.38	11.53	5.14
四	男	17	8.05	4.03	9.45	4.13	18	7.50	2.91	10.66	3.77
	女	16	6.68	2.44	12.04	3.07	11	5.18	1.60	8.76	2.81
合計		138	7.39	3.31	12.16	4.44	137	742	2.95	11.14	3.90

表3-9　各變項的「科學應用」得分差異比較

變項	df	F值	P值
校別	3	15.14	0.000
性別	1	0.028	0.866
教法別	1	4.538	0.034

從表3-8的統計資料得知，實驗組的「科學應用」後測平均得分（M=12.16，SD=4.44）比前測平均得分（M=7.39，SD=3.31）進步

4.77分。控制組的後測平均得分（M=11.14，SD=3.90）亦比其前測得分（M=7.42，SD=2.95）進步3.72，兩組的進步得分之差異是1.05分，此等得分已達統計上的顯著水準（F=4.538，P<0.05）校別間的得分差異亦達統計上顯著水準（F=15.14，P<0.001），唯性別問的差異未達顯著水準（P>0.10）。

(5)不同組別受試的思考習慣得分比較

　　不同樣本學校的兩組學生，在思考習慣測驗上之得分（平均分數與標準差）如表3-10，經過變異數分析結果，其各變項間之F值及P值，則示於表3-11。

　　從下列兩個表上的統計分析結果得知，不同教法別「思考習慣」得分差異並未達統計上之顯著水準（F=0.291，P>0.10）；男女性別的「思考習慣」得分差異亦未達顯著水準（P>0.10）；唯有校別得分差異已達統計上的顯著水準（F=13.03，P<0.001）。

表3-10　各組樣本所得「思考習慣」得分之比較

校別		實驗組				控制組				
		前測		後測		前測		後測		
		N	M	SD	M	SD	N	M	SD	M	SD
一	男	23	5.52	1.97	6.04	1.96	20	5.65	1.42	7.13	1.35
	女	19	5.15	1.01	5.84	1.67	20	5.50	1.43	7.05	1.09
二	男	49	4.52	1.12	6.94	1.43	18	4.66	2.35	6.72	1.99
	女	14	4.57	2.06	6.60	1.84	17	5.05	1.34	7.52	1.37
三	男	14	5.71	1.72	7.00	1.84	19	4.75	2.32	6.10	2.25
	女	16	5.87	1.70	6.00	1.21	13	5.18	1.97	6.15	2.30
四	男	17	5.52	1.73	7.00	1.26	12	5.44	1.45	6.08	1.44
	女	22	5.50	0.87	7.04	1.46	17	4.27	0.42	6.17	1.13
合計		138	5.29	1.60	6.52	1.65	137	5.12	1.78	6.67	1.69

表3-11 各變項的「思考習慣」得分之差異比較

變項	Df	F值	P值
校別	3	13.03	0.000（差異顯著）
性別	1	0.005	0.944
教法別	1	0.291	0.590

(6)不同組別受試的「科學素養」總得分比較

　　前面曾將「科學素養」分成五個分數來探討不同組別間的得分差異，其中，校別間的得分差異較為顯著，五項分數均有差異；而性別間的得分差異不顯著，在五項分數中僅有科學過程得分達顯著差異水準；教法變項的得分差異僅有「科學應用」一項得分達顯著水準，其餘四項均未達顯著水準。此等結果又可從表3-12，及其變異數分析結果（表3-13）窺見其一斑。亦即只有校別變項的差異達到統計上的顯著水準（F=19.76，P<0.001）其餘的教法別及性別變異之差異均未達顯著水準。

表3-12 四所樣本學校的科學素養總得分比較

校別	實驗組				控制組			
	前測		後測		前測		後測	
	M	SD	M	SD	M	SD	M	SD
1	24.0	6.54	42.51	11.71	25.58	5.97	44.79	9.02
2	22.3	6.33	48.33	10.76	25.20	8.13	46.83	8.22
3	26.33	7.2	38.32	8.92	23.56	9.79	37.97	12.36
4	25.06	9.22	42.27	8.23	23.32	5.87	38.07	8.8
合計	24.36	7.42	42.92	10.61	24.54	7.54	42.31	10.34

表3-13　各變項的「科學素養」總得分之差異比較

變項	df	F值	P值（差異顯著）
校別	3	19.76	0.000（差異顯著）
性別	1	0.00	0.991
教法別	1	0.34	0.56

(7)各個樣本學校的各項得分分析：

　　茲為了解四個樣本學校的實驗組與控制組學生（男女生合計）在五項得分上之差異，特將各樣本學校各項得分（平均數及標準差）列舉如表3-14～表3-17，從這些統計資料得知，各校學生得分上之個別差異相當大，故不另逐一詳加分析。

表3-14　第一樣本學校兩組學生的各項得分比較

類型（性別）N	實驗組（N=42）				控制組（N=41）			
	前測		後測		前測		後測	
	M	SD	M	SD	M	SD	M	SD
科學本質	1.33	0.79	2.56	0.95	1.38	0.84	2.69	0.72
科學概念	10.07	3.40	19.15	5.73	10.35	3.59	19.26	4.03
科學過程	0.45	0.889	2.61	1.60	0.35	0.70	3.33	1.57
科學應用	6.79	2.50	12.24	4.25	7.93	2.87	12.41	13.73
思考習慣	5.36	1.61	5.95	1.82	5.58	1.41	7.1	1.23
總分	24.00	6.541	42.51	11.71	25.58	5.97	44.79	9.02

表3-15　第二樣本學校兩組學生的各項得分比較

類型（性別）N	實驗組（N=33）				控制組（N=35）			
	前測		後測		前測		後測	
	M	SD	M	SD	M	SD	M	SD
科學本質	1.46	0.62	3.00	0.75	1.43	0.95	2.69	0.72
科學概念	9.00	3.07	20.33	4.95	10.46	4.05	22.46	4.40

類型（性別）N	實驗組（N=33）				控制組（N=35）			
	前測		後測		前測		後測	
	M	SD	M	SD	M	SD	M	SD
科學過程	0.33	0.99	3.18	2.05	0.80	1.18	2.66	1.61
科學應用	6.94	3.64	15.03	4.39	7.66	2.74	11.91	3.43
思考習慣	4.55	1.56	6.79	1.62	4.86	1.91	7.11	1.75
總分	22.30	6.33	48.33	10.76	25.20	8.13	46.83	8.22

表3-16　第三樣本學校兩組學生的各項得分比較

類型（性別）N	實驗組（N=30）				控制組（N=32）			
	前測		後測		前測		後測	
	M	SD	M	SD	M	SD	M	SD
科學本質	1.57	0.97	2.20	0.81	1.47	1.01	2.44	1.16
科學概念	9.97	3.21	17.83	4.00	9.16	4.27	17.41	5.35
科學過程	0.27	0.69	1.77	1.46	0.69	1.28	1.91	1.61
科學應用	8.73	3.63	9.97	4.05	7.28	3.41	10.09	4.43
思考習慣	5.80	1.69	6.47	1.59	4.97	2.13	6.13	2.21
總分	26.33	7.20	38.32	8.92	23.56	9.79	37.97	12.36

表3-17　第四樣本學校兩組學生的各項得分比較

類型（性別）N	實驗組（N=33）				控制組（N=29）			
	前測		後測		前測		後測	
	M	SD	M	SD	M	SD	M	SD
科學本質	1.67	1.45	2.76	0.90	1.55	0.78	2.86	0.79
科學概念	10.03	5.17	19.79	3.28	10.00	2.78	17.83	5.02
科學過程	0.46	0.83	1.52	1.23	0.28	0.59	1.69	1.39
科學應用	7.39	3.38	11.18	3.62	6.62	2.72	9.55	3.32
思考習慣	5.52	1.37	7.03	1.38	5.00	1.65	6.14	1.25
總分	25.06	9.22	42.27	8.23	23.32	5.87	38.07	8.8

2. 班內社會互動評量

　　本教學實驗開始之前後，均先讓各班學生寫出班內最要好的同學姓名，然後逐班統計每一位學生的交友人數，其結果有如表3-18至表3-21所示。經整理統計其平均交友人數及標準差示於表3-22。

表3-18　第一樣本學校學生交友人數統計表

實驗組			控制組		
號碼	實驗前	實驗後	號碼	實驗前	實驗後
1	3	3	1	5	11
2	3	4	2	5	5
3	2	2	3	9	12
4	1	1	4	7	11
5	1	1	5	11	20
6	1	1	6	6	5
7	3	3	7	8	7
8	5	7	8	12	16
9	1	3	9	8	4
10	1	1	10	8	14
11	2	2	11	11	15
12	3	3	12	30	17
13	0	5	13	7	8
14	0	1	14	10	15
15	3	3	15	25	15
16	3	3	16	5	5
17	2	2	17	21	17
18	1	1	18	26	18
19	3	4	19	5	7
20	2	2	20	10	8
21	3	3	21	7	10
22	1	1	22	12	20

實驗組			控制組		
號碼	實驗前	實驗後	號碼	實驗前	實驗後
23	1	1	23	2	5
24	3	2	24	5	11
25	1	1	25	7	15
26	5	3	26	7	7
27	4	6	27	5	10
28	2	2	28	6	3
29	1	1	29	5	14
30	4	3	30	6	8
31	1	1	31	7	15
32	5	3	32	2	6
33	2	2	33	12	13
34	1	1	34	5	10
35	2	2	35	5	10
36	1	5	36	10	8
37	0	5	37	17	16
38	1	1	38	1	3
39	1	1	39	4	9
40	1	1	40	5	14
41	1	3	41	1	1
42	1	3			

表3-19　第二樣本學校學生交友人數統計表

實驗組			控制組		
號碼	實驗前	實驗後	號碼	實驗前	實驗後
1	6	10	1	1	4
2	4	14	2	5	9
3	8	8	3	7	10
4	3	9	4	3	11
5	4	9	5	8	11

實驗組			控制組		
號碼	實驗前	實驗後	號碼	實驗前	實驗後
6	3	9	6	4	8
7	4	6	7	2	5
8	5	11	8	2	5
9	4	9	9	7	8
10	1	6	10	8	9
11	6	9	11	3	5
12	3	7	12	4	8
13	3	6	13	2	5
14	3	9	14	12	15
15	2	8	15	5	7
16	3	7	16	5	8
17	5	6	17	3	1
18	2	6	18	7	10
19	5	16	19	7	15
20	1	3	20	7	7
21	3	5	21	4	6
22	3	9	22	5	10
23	2	11	23	3	7
24	4	8	24	8	15
25	3	12	25	5	10
26	3	14	26	9	9
27	5	7	27	5	7
28	2	11	28	9	11
29	3	14	29	6	7
30	3	10	30	10	6
31	4	9	31	5	5
32	6	12	32	14	14
33	2	7	33	5	8
			34	6	8
			35	8	13

表3-20　第三樣本學校學生交友人數統計表

實驗組			控制組		
號碼	實驗前	實驗後	號碼	實驗前	實驗後
1	1	6	1	0	0
2	3	17	2	4	11
3	1	11	3	3	11
4	2	3	4	3	8
5	5	9	5	1	9
6	1	8	6	2	7
7	2	10	7	0	0
8	2	1	8	4	9
9	3	8	9	0	0
10	5	11	10	3	4
11	1	10	11	2	3
12	2	4	12	2	2
13	4	6	13	3	9
14	5	8	14	3	6
15	5	7	15	2	4
16	4	7	16	2	5
17	3	15	17	2	3
18	1	7	18	1	8
19	1	8	19	2	3
20	3	12	20	2	4
21	3	17	21	5	6
22	3	10	22	2	5
23	3	9	23	3	6
24	2	11	24	6	8
25	3	7	25	6	9
26	2	10	26	6	5
27	1	5	27	2	2
28	1	9	28	2	3

實驗組			控制組		
號碼	實驗前	實驗後	號碼	實驗前	實驗後
29	3	11	29	0	0
30	3	9	30	3	6
			31	3	11
			32	3	6

表3-21　第四樣本學校學生交友人數統計表

實驗組			控制組		
號碼	實驗前	實驗後	號碼	實驗前	實驗後
1	6	33	1	1	8
2	0	14	2	4	11
3	3	17	3	5	24
4	6	22	4	1	1
5	4	21	5	10	10
6	5	16	6	4	14
7	7	9	7	2	5
8	1	7	8	4	17
9	3	3	9	5	11
10	4	17	10	4	17
11	3	21	11	5	6
12	4	7	12	3	9
13	7	15	13	3	10
14	6	14	14	10	8
15	5	5	15	5	8
16	6	15	16	0	0
17	5	13	17	4	8
18	5	10	18	5	18
19	0	4	19	4	6
20	3	12	20	2	7
21	3	15	21	1	4

實驗組			控制組		
號碼	實驗前	實驗後	號碼	實驗前	實驗後
22	6	22	22	6	14
23	0	0	23	2	11
24	1	7	24	2	14
25	6	9	25	2	6
26	6	15	26	1	6
27	8	13	27	1	6
28	5	29	28	7	6
29	6	31	29	5	6
30	7	14			
31	4	22			
32	3	10			
33	2	31			

表3-22　四所樣本學校各組學生交友人數比較表

校別	實驗組					控制組				
	前測			後測		前測			後測	
	N	M	SD	M	SD	N	M	SD	M	SD
1	42	1.95	1.34	2.45	1.51	41	8.78	6.49	10.68	4.95
2	33	3.58	2.02	9.00	2.91	35	5.83	2.88	8.49	3.29
3	30	2.67	1.33	8.87	3.25	32	2.56	1.62	5.41	2.74
4	33	4.24	1.86	14.94	8.26	29	3.72	3.13	9.34	5.26
合計	138	3.04	1.51	8.40	4.56	137	5.50	4.13	8.60	4.16

　　表上所列為每校前後測時平均交友人數，全部實驗組學生在前測所得交友人數的增加平均人數為3.04人，後測時已增加到8.4人，前後增加5.36人；控制組的平均交友人數在前測時是5.5人，後測時也增加到8.6人，前後增加3.1人，顯然是實驗組比控制組平均多增加2.4

人，此等實驗組與控制組內之差異已達統計上的顯著水準（F=8.95，P<0.01）。

3. 教學觀察及教師之教學簡介

甲老師合作學習教學心得報告

　　能夠參與這次的實驗研究感到非常的高興，整個過程從開始到結束，約經過四個多月，這期間發現實驗組的學生討論熱烈，同學之間的情誼很好。透過每個問題由小組討論互相激盪，老師較容易掌握學生是否概念清楚。而且每組報告時，是經由全組討論所得到的結論，學生之間的觀念已經過整合，得到共識所以能擁有較佳的概念層次，可以將「對的觀念」重覆敘述，加深印象，而且透過學生的語言表達比較容易被學生接受；若是有的同學所報告是錯的，也可藉由同學告知，讓同學們給他回饋，更清楚釐清觀念，也更容易接受。不過每個問題都經由學生討論，所花費的時間相對的增加許多，因此在進度上會比較慢，所以若每個單元都用此方法教學，則教學單元勢必要減少，才有辦法達成。

　　而控制組的學生較缺乏同學之間的互動，都是由老師單向的講述，老師較無法瞭解學生的觀念是否真正釐清，概念是否已建立。等到個別發問時，遇到學生回答正確的，只能確定該生的概念正確，而無法確定其他學生是否也觀念清楚，因此要等到單元結束時的評量才容易發現學生個別錯誤的情形，這樣型態的教學表面上時間較節省，但是花在補救教學的時間會較多。

　　根據作者的淺見，可在每冊的單元中選取數個單元，利用小組討論的方式進行教學，尤其是較重科學概念的單元，或該單元中強調科

學概念的活動，其餘部分（如：實驗操作）則可以採用事情講述，然後實作的方式，可同時節省時間與建構概念。

時間：中華民國八十四年九月二十五日

　　　　上午十時三十分至十二時

對象：台北市立某實小五年級（實驗組）

學生人數：四十三人

甲老師的教學簡介

上課鐘聲響起，學生依次進入自然科專科教室，以組為單位，其中每組有六個人，其中有一組是七個人，而組的成員每一組均有二人是屬於該科成績優等，二人是屬於成績中等，二人是屬於成績較差的。甲老師是採用合作學習的教學方法，她每問一個問題，均要求同一組的學生要先行討論，再由組裡的一個學生代表回答問題，甲老師此日所上的單元是力與運動，她要每組學生討論課本第四十頁中鐵釘和銅釘哪個受到磁鐵的作用？哪面旗子受到風力的作用？哪個水車受到力的作用？手裡拿的東西，鬆手後會往哪裡掉落？討論完了以後要每一組一個學生代表回答問題，甲老師也要學生回答怎樣表示用力的情形，組為單位，討論用哪一方式來表示力最為完整，經過討論以後每一組派一個學生到黑板去畫一個他們那一組認為最完整的力之表示方法，甲老師就是在此種合作學習教法中直到下課為止。

時間：中華民國八十四年十二月四日

　　　　下午一時十分至二時四十分

對象：台北市立某實小五年級（控制組）

學生人數：四十三人

授課教師：甲老師

　　上課鐘聲一響，學生魚貫地進了教室上自然科學，這一節課上的單元是輪軸與滑輪，甲老師採用傳統的教學，甲老師每問一個問題，不經過學生的互相討論，就請一位學生來回答，甲老師問學生關於日常生活中有哪些輪軸與滑輪的工具，又問學生輪軸和槓桿有什麼相似的地方？並要比較動滑輪與定滑輪不同的地方，並要學生說明為何動滑輪會省力，甲老師與學生間以傳統式的一問一答方式，上課時有示範教學，最後在下課鐘聲結束了教學活動。

乙老師合作學習教學簡介

　　實驗班學生的班級風氣本來就較為活潑，很適合採取合作學習的方式。所收的教學策略：(1)在進行實驗前，以培養兒童靈活的思考能力，並熟練控制變因的科學過程；(2)在進行實驗時，藉由小組成員的互相協助與觀摩，有助於實驗順利進行，也增進對實驗方法的了解與熟練；(3)在實驗後，共同整理實驗所得的資料，及解釋資料時，也能藉由比較、討論，得到更周詳的結論。此外，由於各小組有組長，在各小組的運作上，組長也發揮了「小老師」的功能，可以彌補班級教學中，老師無法顧及每一學生的缺點，使教學流程更加順暢，也節省了很多時間。

時間：中華民國八十四年九月二十日

　　　　上午八時三十分至十時十五分

對象：士林區某國小五年級（實驗組）

學生人數：三十四人

授課教師：乙老師

　　自然科教師乙老師在第一節至第二節的自然課，在事先分好的組別及按照每組人數為4～6位同學，其中2位是屬於班上自然科的優等生，2位是屬於中等生，2位是屬於學習能力較弱的學生，乙老師在課前已有三個月接受研究者給予的指導，包括文獻的探討、上課學生的分組安排及合作學習的上課方法。在一上課時，乙老師上的是「看星星」的單元，每問一問題，乙老師均要每一組，組內先進行討論，由組內同學的合作學習以後才再請同學上講台發表他們的意見，其中乙老師問到星星在觀測中，星星由紅色到銀白色其星星的亮度是如何呢？同學經由合作學習而產生意見的整合再推代表上台發表意見，讓其他同學分享成果，是屬於合作學習的教法，且每組均有機會上台發表。是一次成功的合作學習教學模式。

時間：中華民國八十四年九月二十日
　　　　上午十時三十分至十二時
對象：士林區某國小五年級（控制組）
學生人數：三十五人
授課教師：乙老師
　　自然科教師乙老師在第三節的自然課，此班為控制組，乙老師上課是「看星星」，乙老師由牛郎織女的民間故事切入，採用個別化學習，每次老師上課針對個人，她要學生多聽講，問問題也是隨機，而學生回答問題也非經過小組的討論後再回答問題，此控制組秩序良好，符合乙老師對自然科教學方法，控制組與實驗組兩組均符合研究設計的要求。

丙老師合作學習教學簡介

　　自然科在專科教室上課，所以將實驗組學生分成五組，（1～3組各6人，4、5組各7人，但途中轉出2人，故只有30人）。

　　每組選出組長1人，負責教具的整理（發放或收回）及其他事項，每上完一個活動，經小組熱烈討論後，再派1人發言解答（輪流）最後綜合每組的答案再討論並作總結。

　　同學們對於由每組共同討論、合作做實驗找答案，感到興奮、有趣，而且每個人都有發言的機會，所以很喜歡。

　　據學生說：以前不喜歡，甚至於討厭上自然課，現在不一樣，認為這種上課方式是要共同合作，並作實驗，感覺有趣好玩。

　　看到學生的學習態度及反應，得知教學方式及引導學生的學習態度影響很大，所以老師應多方吸收新的教學方法並改進教學方法。

時間：中華民國八十四年十月五日

　　　　上午八時四十分至十時十分

對象：北投區某國小五年級（實驗組）

學生人數：三十人

授課教師：丙老師

　　學生在上課時陸續進入自然科專科教室，丙老師要求學生按照學期開始以六人一組，六人當中需二人成績是優等的、二人成績是中等、二人成績是較差的學生，上課時學生專心聽丙老師上課，此次上課的單元是細胞的觀察，丙老師首先教導學生如何使用顯微鏡，並且教導學生顯微鏡各部份的名稱。緊接著丙老師要學生能夠使用載玻片及蓋玻片，並將洋蔥表皮放在載玻片上，再將蓋玻片置於洋蔥表皮上，並要求每一組的學生仔細觀察洋蔥的細胞，將其所看到的細胞構

造畫在自己的自然科習作上,丙老師要每組的學生討論後,將其透過顯微鏡所看到的細胞構造畫在黑板上,總共六組的學生到黑板上畫細胞的構造圖。接著丙老師又要求學生觀察口腔皮膜細胞,學生用棉花棒在口腔內側,輕輕抹下一些口腔皮膜,把棒上附著的口腔皮膜塗於載玻片上,以蓋玻片蓋上,每一組的學生透過顯微鏡,將所看到的細胞構造畫在自然科習作上。

丙老師要每組先行討論,他們將所看到的細胞構造由組內的一名代表畫在黑板上,丙老師採用合作學習的教學方法,引導學生將細胞的觀察作完整的教學直至下課,是一次成功的合作學習教學。

時間:中華民國八十四年十二月十五日
　　　上午十時三十分至十二時
對象:北投區某國小五年級(控制組)
學生人數:三十二人
授課教師:丙老師

學生在上課時,丙老師指出輪軸與滑輪的應用情形。學生陸續發表意見,有些學生會按照日常生活上獲得的經驗講出來。學生瞭解定滑輪並不能省力卻能改變作用力的方向,丙老師講解是以彈簧秤掛砝碼看看彈簧秤的指針標示。學生陸續將滑輪零件安裝好。學生陸續的作實驗有定滑輪、動滑輪、滑輪組,每一組皆非常用心的作實驗,學生學習情緒非常高昂。以傳統的教學方法,丙老師以一對一方式問問題,並沒有像合作學習的教學方法,諸如:先經組內討論再發表意見,也就是說傳統的方式採用個別學習的教學方式,學生與學生之間互動比較少,上課進行到十二點,完成兩節課的上課,才結束這天傳

統的教學。

丁老師合作學習教學簡介

　　合作學習教學應用於班上接近一學期下來，發現幾點現象：

(1)學生交友情況：藉由合作學習，自然課遇到的難題可互相討論，長久下來，各自的朋友人數便增加。

(2)學習情況：反應快的同學在互動的過程中，可刺激程度較差的學生，帶動學習。

(3)常規管理：以整組的表現在黑板上打上課成績，答對了在該組格子裡打一個圈，各組進行比賽，這對常規管理有正面的作用。

　　但合作學習也有它的不足，例如反應較差的學生會取巧，反正程度好的同學會說出答案，無法更進一步思考，不過整體而言，合作學習的優點多於缺點，值得肯定。

時間：中華民國八十四年十月十二日

　　　　上午十時三十分至十二時

對象：台北市中山區某國小五年級（實驗組）

學生人數：三十四人

授課教師：丁老師

　　丁老師將實驗組的學生帶到自然科的專科教室上課，此次上的單元是槓桿，丁老師要學生準備教具並放置在實驗桌上，學生分成六組，每一組為四～六人，其中四組是六人，二組是五人共三十四位學生，丁老師要求每一組的學生要通力合作，想辦法將課本裡的活動一一作完，學生依據他們實驗結果寫在自然科的習作裡，丁老師也以組為單位一一問他們幾個問題，先經組之討論再由組的代表來回答，

直到中午十二時，學生才在收穫豐碩的滿足下，結束了合作學習的自然課。

時間：中華民國八十四年九月二十一日
　　　上午十時三十分
對象：台北市中山區某國小五年級（控制組）
人數：三十六人
授課教師：丁老師

　　丁老師將原班同學留在原教室上自然課，此次上的是氧和二氧化碳的單元。丁老師要求學生親自作實驗，而將所觀察到的現象及結果寫在自然科習作上，同學們依次將酸和小蘇打混在一起，發現起泡，且以塑膠袋將生成的二氧化碳的氣體收集起來，而以線香置入含有二氧化碳的塑膠袋中，並且看看線香燃燒的情形，將觀察的結果填入學生自己的自然科的習作中。從十點半上到至十二點共兩節課，上完此單元後，丁老師隨時不忘以傳統的非合作學習的教法教學來教，所有教學活動在十二點時結束教學。

4. 結論與建議

　　在科學素養中的五項中（科學本質、科學概念、科學過程、科學應用及思考習慣）四所樣本學校校別間得分差異達統計上的顯著水準。在科學素養中只有一項「科學過程」在性別間得分差異達統計上的顯著水準。也只有一項「科學應用」在教法別間得分差異達統計上的顯著水準：

　　合作學習教學的建議如下：

(1)合作學習在社交的互動方面，實驗組的樣本學生朋友數平均增

加（8.40－3.04＝5.36）較控制組的樣本學生的朋友數平均增加（8.61－5.50＝3.11），其差異達統計之顯著水準，其p=0.0029小於0.05，在社會互動（Social interaction）方面有正面效應，建議合作學習應擴展到自然科以外的學科，諸如：社會、國語、數學，使社會互動在學習上產生正面的人際關係，尤其在未來九年一貫課程，著重科際的整合，合作學習蘊涵了社會互動能力…，此教學法更有推廣應用的必要。

(2)合作學習在目前教學法中不失是一種新穎的教學方法，學生的科學應用能力，可以提升學生的科學學習能力。

(3)建議多辦合作學習之教學研討會，使更多的自然科學的教師能認識此種新穎的教學方法，使自然科教材更活潑化，激發合作學習的優點以利樣本學生在自然科之學習。

(4)合作學習教學在教師的立場認為花的時間較多，老師都在趕進度。傳統教學法，雖沒有教學時間緊湊現象但花在補教上的時間相對就較多，相形比較之下，建議合作學習教學，使學生有更多的收穫。

二、應用概念圖教學方案

(一)緒論

新近國外有一批學者諸如：Barenholz（1992），Beyerbach（1990），Carol（1991），Cullen（1990），Jegede（1990），

Markham（1994），Wallace（1990），Roth & Roychoudhury（1993），Ruiz & Shavelson（1990），Starr & Krajcik（1990）等提出概念圖教學。Barenholz及Tamir（1992）進行高中微生物課，以概念圖（concept mapping）及使用傳統方法學習的研究，發現使用概念圖（concept mapping）學習的學生較使用傳統方法學習的學生有較高的成就。

Carol及LaMastor（1991）的研究指出，傳統方法並沒有運用建構主義的理論，而學生的角色是儘可能從教師或教科書獲得資訊。學習只是應付考試，學習較少思考及瞭解，而概念圖可以幫助學生更能思考，使讀書更有實際意義，概念圖使學生在腦中有清晰組織所獲得知識及已存在概念之間的關係。Cullen（1990）提到使用概念圖可以讓老師來分析學生的迷思概念，也可以藉此發現學生概念的脈絡，同時也提出概念圖並不能夠包括所有概念的有效訓練。

Jegede（1990）以高中一年級學生180人，其中志願參加者51人，將他們分成兩組：一為實驗組，一為控制組，以三週的時間讓實驗組學生熟悉概念圖，再經過六週的實驗，得到的結果是實驗組較控制組成績好，焦慮減少，兩組間有顯著的差異。Markham及Mintzes（1994）研究非主修生物的學生25人及主修生物的學生25人在哺乳動物的單元中，發現主修生物的學生較非主修生物的學生有較複雜的結構性，在概念圖得分上，主修生物的學生較非主修生物的學生分數來得高，且達統計之顯著差異。Wallace（1990）以隨機分派的方式，將91人隨意分成兩組，一為使用概念圖的實驗組，一為傳統的控制組，一共進行了3週，每週六次，每次七十五分鐘，研究發現兩組在海洋生物單元中，實驗組較控制組優，且達統計之顯著差異。

　　Ruiz-Primo及Shavelson（1990）認為概念圖是一種結構，包含了主要概念及次要概念，概念圖可以用來誘導學生對內容知識的瞭解，其次概念圖可以更直接接近事實知識與概念的關係，學生可以將領域的概念應用到解題上。Starr及Krajcik（1990）在研究報告中，特別強調概念圖能幫助科學教師發展教學過程，概念圖屬於階層安排、統整及概念之執行。

　　由於上述國外學者所作的研究均以生物科教學為主，故作者將概念圖應用到國小自然科物理單元的教學上，並先試編一套教學方案，包括單元教材之選擇分析、教案的研編、教具的設計研究分析。又此研究的目的在於發展適用於物理單元及研擬評量工具，然後進行較小規模的實證性研究，以資評估此套概念圖教學方案在國小自然科物理單元的可行性，以便規劃未來較長期的教學實驗。

(二)研究方法

1. 實驗樣本：為台北市某實驗小學，選取兩班現成的五年級學生，隨機各分派為實驗組與控制組，實驗組人數33人（其中男生19人，女生14人），而控制組人數36人（其中男生19人女生17人），在性別方面亦即男生38人女生31人。

2. 實驗設計：採不相等控制組設計，將現成的兩班學生隨機指派為實驗組與控制組。

(1)自變項：實驗組由主試者設計一套應用概念圖的教學方案，其詳細內容如表3-23所示。此套教學方案係以國小自然科第十冊第三單元的「物質狀態的變化」為主要教材，配合該單元的四項教學

活動，於每一活動的最後八分鐘內，加入應用概念圖的圖示方式，幫助學生整理在活動中所接觸到的「物質狀態的變化」的許多複雜概念，以及各項概念間的關係。整個教學單元結束之前，再藉各組學生填補完整的物質狀態的變化關係圖之競賽活動，來訓練學生的歸納能力，並增進其學習興趣。

實驗組所應用的概念圖教學方案詳列如下表：

表3-23　國小自然科物質狀態的變化單元教學活動設計（實驗組用）

活動項目及主要行為目標	教學活動	時間分配	學生反應
活動一：比較冰和水的主要異同。			
1-1能舉出冰和水的相同點和相異點	1.引起動機：教師呈現兩幅南北極圈冰山的圖片，讓小朋友看一分鐘後自由發表所看或所知道的事，然後歸納出下列問題： (1)這些一座一座雪白的山是什麼？ (2)為什麼冰山周圍的海水未結冰？ (3)冰山為什麼會漂流？ (4)鐵達尼號遊輪沉沒的主要原因是什麼？ ・利用五官觀察冰和水的異同： 每組分配三塊小冰塊，和兩個燒杯，杯內放入200CC，讓各組小朋友觸摸冰塊和水，並觀察冰塊在杯水內浮沉狀態（冰山一角）。	5'	1.小朋友細心觀察並回答問題 (1)冰山 (2)周圍海水氣溫較高 (3)因整座冰山浮在海水（沉在水平面下的冰山更大） (4)撞到一座漂流的冰山 ・冰塊是固體感覺特別冰涼、白白的。 ・水是液體、透明的，並知自然的水有海水、河水、湖水、泉水、地下水和雨水等。 ・回答冰上一角之意義

活動項目及主要行為目標	教學活動	時間分配	學生反應
1-2能辨別溫度愈高，冰的熔化愈快	2.實地實驗觀察在不同水溫內的小冰塊的熔化速度。先在各組的一個燒杯內，倒入400cc的熱水（攝氏80℃），另一杯倒入400cc自來水（攝氏40℃），讓各組一位小朋友同時用左右手各拿起一小塊冰塊分別放進兩個杯內。另外，指定一位小朋友用碼錶記錄小冰塊完全熔化所需時間。	20'	2.各組學生報告實驗結果。 ·放進熱水(80℃)內的冰塊約在1分2秒內熔化。 ·放進溫水(40℃)內的冰塊約在2分30秒內熔化。 ·水溫愈高熔化愈快。
1-3能看到冰塊加熱後會熔化成水	3.實測上述兩個燒杯內水量的增加情形（原有水量是400cc）。	5'	3.各組學生報告實測杯內的水量（水高，各增加30cc）
1-4能讓概念圖來說明水與冰的相互關係	4.教師揭示下列概念圖（圖3-2），歸納說明水和冰的二狀態變化關係，並逐項說明不同形狀、顏色以及箭頭所代表之意義。	10'	4.受指名的學生能說明此一概念圖的意義。

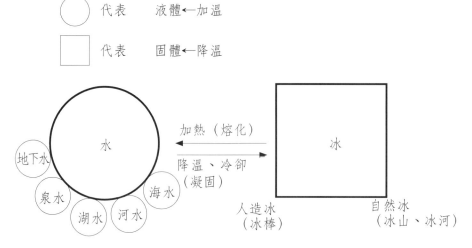

圖3-2 水和冰的狀態變化關係

活動項目及主要行為目標	教學活動	時間分配	學生反應
活動二：水不見了			
2-1能舉例說明日常生活中常見的水蒸發現象。	1.探討日常生活中常見的「水蒸發」實例來做為引起動機。 教師呈現「晾曬衣服」和「大馬路上灑水車」的圖畫，讓兒童自由陳述其意義，並喚起兒童有關「水蒸發」的舊經驗，以便銜接水的三態變化現象。 ・在室溫時，水從液體變為氣體的現象叫做蒸發。蒸發後的氣體就是水蒸氣，它是透明無色的，所以看不見。	8'	・洗過的衣服，晾曬會變乾。 ・灑在道路上的水會變乾。 ・抹拭留在桌面或黑板上面的水不久就乾了。 ・燒開水時，若不小心燒太久，水壺內的水會燒乾了。 ・溼的衣服或是道路，經日晒後，其水份蒸發到空氣中，形成水蒸氣。
2-2能用溫度計測量水溫，並比較不同強度的加熱條件與蒸發速度之關係。	2.實驗觀察在不同強度的加熱條件下燒杯（或用耐熱玻璃壺）內的水之蒸發速度有何差異。 此項實驗僅由教師使用兩套電磁爐及兩個燒杯（或耐熱玻璃壺）進行實驗，讓全班兒童一起觀察水的沸騰及蒸發現象。 (1)兩個燒杯各加入100公撮的水，並分別放置在各個電磁爐上。 (2)甲電磁爐的加熱功能調整到最高（1200W）；乙電磁爐的加熱功能調整到中度（720W）。	16'	最好能用瘦長形燒杯，且有細微的刻度。 ・甲電磁爐上的杯中之水較早燒光。 ・水溫愈來愈高：有很多小氣泡冒出來；杯面上好像有白煙。 ・水溫約到攝氏100度，氣泡愈多愈大，水會翻滾，燒杯上面的白煙更多，水量愈減少。

活動項目及主要行為目標	教學活動	時間分配	學生反應
	(3)指定兩位兒童使用水銀溫度計，每隔一分鐘測量及記錄杯內水溫及水量之變化，比較那個杯內的水較早蒸發完畢，然後在乙杯上放置一片玻璃片（或玻璃蓋），觀察水蒸氣的凝結現象。		
2-3能描述加熱過程中所觀察到水沸騰及汽化現象（蒸發現象）	3.討論加熱過程中有那些現象產生？ ・杯水漸漸減少，到全部不見，水究竟到哪裡去了？ ・教師加強說明：「不論在室溫上，或加熱時水都可以變成水蒸氣，散布到空氣中，這些都是汽化現象。蒸發也是一種汽化現象。	8'	・可能變成水蒸氣跑掉，那些杯面的白煙可能就是跑掉的水。 ・學生建立了汽化現象的概念。
2-4能利用概念圖歸納說明水與水蒸氣的相互關係	4.教師揭示下列概念圖（圖3-3），歸納說明水（液態）和水蒸氣（氣態）的關係，並抽點幾位兒童說明此一概念圖的意義。	8'	為指名的兒童能說明此一概念圖的意義；亦即液態的水，在室溫或加熱時，會變成氣態的水蒸氣散布於空氣中。

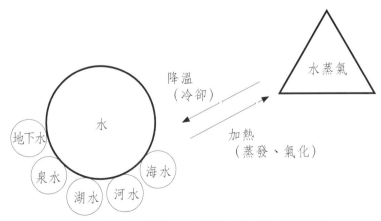

圖3-3　水（液態）和水蒸氣（氣態）的關係

活動項目及主要行為目標	教學活動	時間分配	學生反應
活動三：小水珠哪裡來			
3-1能描述水加熱後，蒸發為「水蒸氣」，遇冷卻又會變成水珠。	1.引起動機：在活動二的實驗過程中，兒童都看到燒杯內的水加熱一段時間之後，竟然全部乾掉（水不見了），故本節可引導兒童回憶這些實驗，並問兒童下列問題，以便引起兒童學習活動三之興趣。 (1)燒杯內的水全部跑到哪裡去了？ (2)蒸發掉的水，能不能收回來？如何回收？ (3)燒杯蓋下的小水珠是不是杯內水的一部分？ (4)那些小水珠是哪裡來的？ 針對上述問題，大部分兒童也許尚有許多疑惑，故教師見機引導說：「這一節就針對這些問題，我們一起來研討。首先再來分組進行燒水試驗，大家要仔細觀察。」	8'	(1)都變成水蒸氣了：都蒸發掉了！都散布到空氣中了！ (2)讓兒童自由發表意見。 (3)是！ (4)讓兒童將觀察所得各自報告（水蒸氣受冷所形成）。
3-2能區別水蒸氣（氣態）與「煙霧」（液態）之水二者之差異。	2.實際觀察水蒸氣的凝結現象。 ・分組進行燒水實驗：各組發給玻璃片、燒杯、酒精燈、石棉心網各一件，然後在燒杯內放進	16'	參見兒童認真裝置試驗器材後，用火柴點酒精燈開始試驗，並仔細觀察有什麼現象發生。 ・水蒸氣

活動項目及主要行為目標	教學活動	時間分配	學生反應
	50cc的水，用酒精燈加熱，並拿玻璃片罩在燒杯的上方。 ・水加熱後變成看不到的氣體（水蒸氣），故多數兒童很難體會其存在。唯透過本試驗，兒童將發現有「東西」被玻璃片擋住而「變」成水珠。故教師要問兒童這些水珠是從什麼「東西」變過來的。 ・有些兒童可能會將出現在燒杯與玻璃片之間的一些「白色的煙霧」誤認為水蒸氣，故老師要見機問：「這些白色的煙霧是什麼？」 ・讓兒童隨時提出所遭遇的疑問，教師要善於引導啓發，並解惑。		・若有些兒童回答說：「水蒸氣」，教師應引導說：「那是『小水珠』，是液態的水」，像「雲」、「霧」也都是液態水。 ・兒童發表自己的疑問及想法。
3-3能舉出日常生活中，空氣中的水蒸氣凝結成小水珠的實例。	3.探討水蒸氣凝結的原因，並舉出日常生活中類似的現象。教師提示下列問題： ・小水珠是怎麼來的？ ・被擋住的水蒸氣怎麼會變成水珠呢？ ・各位小朋友在日常生活中，看過類似的現象嗎？請看過的小朋友報告（指名報告）。	8'	・在燒杯內的水，加熱變成水蒸氣，跑到空氣中被玻璃片擋住了。 ・因玻璃片的溫度較低，所以被擋的水蒸氣冷，而凝結成水珠。 ・煮東西時，掀開鍋蓋會有很多水珠；梅雨季節，室內地磚或牆壁上常見反潮的現象。

活動項目及主要行為目標	教學活動	時間分配	學生反應
3-4能藉概念圖來說明水蒸氣（氣態）與煙霧、小水珠（液態）之間的相互關係。	4.教師揭示下列概念圖（圖3-4），歸納說明水蒸氣與小水珠（或白煙霧）兩種狀態的相互關係，並舉出雲霧與露水等自然現象亦均來自空氣中的水蒸氣凝結而成。 特別注意下列迷思概念之澄清： ・雲、霧因在大氣中飄浮，所以兒童或一般人易將其歸為氣態，其實是小水珠的液態水，故特地用（嵐）、（霧）等符號來表示，說明其外觀看起來似屬氣態（△），可以飄浮，但實質上是屬於小水珠的液態（○），露水則是明顯的液態。	8'	・燒開水時，自壺口冒出的白煙也是已經結微小水珠的液態水。 ・被指名的兒童能說明此一概念圖的意義。 ・說出雲霧是屬於液態，而不是氣態。 ・露水是水蒸氣受冷卻而附著放花草上的小水珠，係明顯的液態

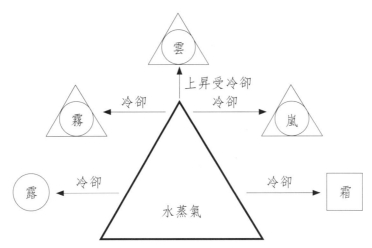

圖3-4　水蒸氣與小水珠（或白煙霧）兩種狀態的相互關係

活動項目及主要行為目標	教學活動	時間分配	學生反應
活動四：水結冰了！			
4-1能說出水遇冷（0度以下）會凝結成冰（固態）。	1.引起動機： (1)再度展示兩張南北極圈的冰山風景圖，讓兒童自由討論冰山的來源；另又陳示日本富士山或阿爾卑斯山的山峰經年覆蓋冰雪的風景圖，討論雪的來源。 (2)問：「冰棒、雪糕、霜淇淋、冰淇淋等人造冰品的製造過程和原料」。 (3)問：「小冰塊如何製造？有什麼用途？」		・海水的溫度下降到某一溫度時，亦會結成冰。 ・雲層的小水珠遇劇冷而下雪。 ・自由發言。 ・自由發言。
4-2能說明水的三態變化如何受溫度的影響。	2.探討大自然中水的三態變化，及其與天氣變化的關係： (1)教師利用投影片，逐步將活動一至活動三所揭示的水之三態變化關係概念圖，拼合成為完整的一張概念圖，並統整說明全張概念圖的內涵。說明過程中，應隨時啟發兒童的舊經驗，並指定兒童說出液態、氣態及固態的操作型定義，尤應指出自然界的不同水狀態的實例。 (2)特別說明下列兩點： ・自然界的，因其周圍的溫度不同，而以冰、水、水蒸氣的狀態存在。這些是構成天氣變化所引起的不同自然景觀之主要因素。	10'	液態：如海、河水都是液態。 氣態：如水蒸氣是看不到的氣態。 固態：如冰山、雪都是固態。

活動項目及主要行為目標	教學活動	時間分配	學生反應
	・液態的水因加熱而會蒸發為水蒸氣（氣態的水）散布在空氣中。這些水蒸氣上升遇冷而冷卻即成為雲層（液態的小水珠），若聚集很厚，就成為大水珠，而變成雨水。若氣溫降得很低，則水蒸氣又會變成液態的水（如雪、雹、霜等）。 (3)分組比賽填妥概念圖上的主要名稱（諸如水、冰、水蒸氣、雲、霧、露、霜、雪、雹、雨等），並由各組推派一位兒童上台說明所完成概念圖之意義。		各組兒童分別在一張完成一半的概念圖（未寫出有關狀態的名稱），在相對的位置上寫出其名稱，共同研商並完成此件作業。 ・完成作業後，推代表上台說明。
4-3 能正確填妥完整的概念圖，並說明水三態的變化過程。	3.探討其他物質的狀態變化。教師提示課本上火山爆發的圖片，引導兒童發表意見。 (1)火山爆發噴出來的是什麼？ (2)這些岩漿又將會變成什麼？ (3)金幣是怎樣鑄造的？ (4)樟腦丸放在衣櫥一段時日後，為什麼會全部不見了？ 如圖3-5	14'	・熾熱液態的岩漿。 ・岩漿噴出地面後，由上向下流動，又因溫度下降而變成固態的岩石。 ・樟腦丸（固態）會直接變成氣態而揮散於空氣中。
4-4 能舉例說明其他物質的狀態變化。	如圖3-6	8'	

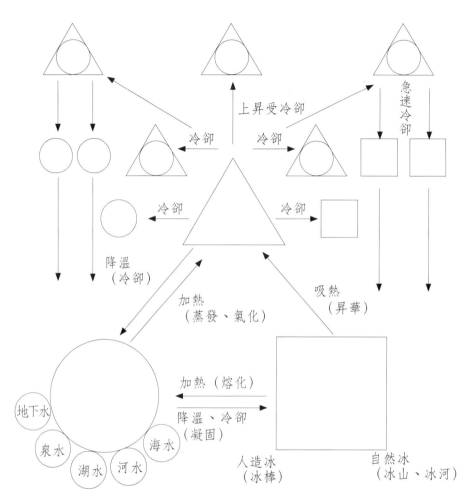

圖3-5　水三態的變化過程（空白圖）

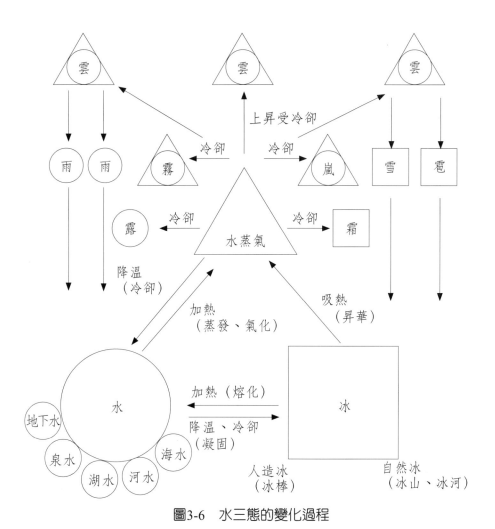

圖3-6　水三態的變化過程

控制組則使用國立編譯館自然科學第十冊教學指引第43～44頁
（國立編譯館，民84）
(2)依變項：分成兩部份
　　第一部份有關單元知識之評量：編製兩份試題，每份試題35題，
涵蓋物質狀態變化，單元的主要知識或概念採用四選一的題式，由主
試者及任教老師共同研擬兩份試卷，其中一份用於前測（甲卷）另一

份用於後測（乙卷）這兩份試卷之內容完全相同，只是所屬題號有所變動，以防兒童靠題號來記憶答案，這份試題的重測信度0.7547。試題如下頁。

第二部份有關受試者參與實驗之後對於此一教學方案之興趣及態度的評量所編製的教學反應表，此項只用於實驗組。

甲卷（前測試題）

（　）1. 當水加熱至100℃後再繼續加溫，則其狀態會變為

(1)液體　　(2)氣體　　(3)固體　　(4)以上皆非。

（　）2. 當水溫降至0℃以下再繼續降溫，其狀態會變為

(1)液體　　(2)氣體　　(3)固體　　(4)以上皆非。

（　）3. 水變成水蒸氣是

(1)體積變大　　　　　(2)體積變小

(3)體積不變　　　　　(4)體積有時變大有時變小。

（　）4. 水變成水蒸氣是

(1)熱量減少　　　　　(2)熱量增加

(3)熱量不增不減　　　(4)熱量有時增加有時減少。

（　）5. 0℃水變成0℃冰則

(1)體積變小　　　　　　　　(2)體積有時變大有時變小

(3)體積變大　　　　　　　　(4)體積不變。

（　）6. 桌上有甲乙兩個玻璃杯各裝有100公撮（cc）的自來水，其中各放進一相同體積的冰塊，你若用雙手握住甲玻璃杯一段時間後，你會發現甲杯內的冰熔化

(1)比較慢　(2)比較快　(3)甲乙杯一樣快　(4)無法比較。

（　）7.下列那個現象是水蒸發的例子

(1)夏天早晨的露水

(2)雲變雨

(3)灑在地面上的水會變乾

(4)汽車開冷氣玻璃上呈白露狀。

（　）8.下列那個現象是屬於水的凝結現象

(1)洗過的衣服晾晒，衣服會變乾

(2)夏天時，水田上有白煙升起

(3)煮東西時掀開鍋蓋會有很多小水珠

(4)杯子裡面的水經過一段時間後水變少。

（　）9.火山爆發時噴出來的岩漿是

(1)固態　　(2)液態　　(3)氣態　　(4)以上皆非。

（　）10.在校園灑水時

(1)夏天時蒸發較快　　　　　　(2)冬天時蒸發較快

(3)有時夏天快有時冬天快　　　(4)一樣快。

（　）11.水結成冰時重量

(1)變大　　(2)變小　　(3)不變　　(4)有時變大有時變小。

（　）12.有固定形狀且有固定體積是

(1)固體　　(2)液體　　(3)氣體　　(4)以上皆非。

（　）13.有固定體積沒有固定形狀是

(1)固體　　(2)液體　　(3)氣體　　(4)以上皆是。

（　）14.沒有固定體積沒有固定形狀是

(1)固體　　(2)液體　　(3)氣體　　(4)以上皆非。

（　）15.在正常狀態下，水沸騰時的溫度是

(1)0℃　　(2)60℃　　(3)80℃　　(4)100℃。

（　）16.從冰箱將飲料拿出，過一會兒發現飲料罐的外壁有許多小
水珠，請問小水珠是如何形成的？

(1)空氣中的水蒸氣遇冰冷的瓶壁而變成小水珠

(2)冰飲料遇熱變成水珠

(3)小水珠從瓶口跑出來

(4)瓶內飲料蒸發了以後跑到瓶外。

（　）17.下列敘述何者錯誤？

(1)熔化：冰塊變成水　　　　(2)蒸發：水變成水蒸氣

(3)凝固：水蒸氣變成水　　　(4)凝結：水蒸氣變成水。

（　）18.燒開水時自壺口冒出的白煙霧是屬於水的何種狀態？

(1)固體　　(2)液體　　(3)氣體　　(4)以上皆有可能。

（　）19.自然界中的水何者不是屬於固態的？

(1)雪　　　(2)雲　　　(3)霜　　　(4)冰雹。

（　）20.下列何者不對？

(1)冰：硬硬的冰冰的有點白白的

(2)水：濕濕的涼涼的透明的

(3)水蒸氣：肉眼看不見無特定形狀

(4)水蒸氣：白色煙霧狀。

（　）21.是什麼原因打開的海苔片放在桌上不久變軟？

(1)海苔接觸較多陽光

(2)海苔吸收空氣中的水蒸氣

(3)海苔裡的水份跑掉了

(4)以上皆有可能。

（　）22.水沸騰時何者是錯的？

(1)有很多的氣泡　　　　　(2)水面會產生水的翻滾

(3)水面產生更多的白煙　　(4)水量變多了。

（　）23.乾冰遇到水會從固體變到

(1)固體　　(2)液體　　(3)氣體　　(4)以上皆是。

（　）24.下列物質何者是氣體

（1)小蘇打　(2)汽油　　(3)脂肪　　(4)水蒸氣。

（　）25.將包好的樟腦丸撕開放在衣櫥內數週後，你會發現這些樟

腦丸都不見，但衣櫥內有濃厚的樟腦味。這一種現象稱為：

（1)蒸發　　(2)昇華　　(3)熔化　　(4)氣化。

（　）26.雲是屬於

（1)氣態　　(2)液態　　(3)固態　　(4)擬態。

（　）27.雲是屬於

（1)氣態　　(2)液態　　(3)固態　　(4)擬態。

（　）28.雹是屬於

（1)氣態　　(2)液態　　(3)固態　　(4)擬態。

（　）29.霜是屬於

（1)氣態　　(2)液態　　(3)固態　　(4)擬態。

（　）30.露水是屬於

（1)氣態　　(2)液態　　(3)固態　　(4)擬態。

（　）31.霧是屬於

（1)氣態　　(2)液態　　(3)固態　　(4)擬態。

（　）32.海水是屬於

（1)氣態　　(2)液態　　(3)固態　　(4)擬態。

（　）33.嵐是屬於

（1)氣態　　(2)液態　　(3)固態　　(4)擬態。

（　）34.風是屬於

（1)氣態　　(2)液態　　(3)固態　　(4)擬態。

（　）35.空氣是屬於

（1)氣態　　(2)液態　　(3)固態　　(4)擬態。

乙卷（後測用）

（　　）1. 雲是屬於

(1)氣態　　(2)液態　　(3)固態　　(4)擬態。

（　　）2. 雪是屬於

(1)氣態　　(2)液態　　(3)固態　　(4)擬態。

（　　）3. 雹是屬於

(1)氣態　　(2)液態　　(3)固態　　(4)擬態。

（　　）4. 霜是屬於

(1)氣態　　(2)液態　　(3)固態　　(4)擬態。

（　　）5. 露水是屬於

(1)氣態　　(2)液態　　(3)固態　　(4)擬態。

（　　）6. 霧是屬於

(1)氣態　　(2)液態　　(3)固態　　(4)擬態。

（　　）7. 海水是屬於

(1)氣態　　(2)液態　　(3)固態　　(4)擬態。

（　　）8. 嵐是屬於

(1)氣態　　(2)液態　　(3)固態　　(4)擬態。

（　　）9. 風是屬於

(1)氣態　　(2)液態　　(3)固態　　(4)擬態。

（　　）10.空氣是屬於

(1)氣態　　(2)液態　　(3)固態　　(4)擬態。

（　　）11.當水加熱至攝氏100℃後再繼續加溫，則其狀態會變為

(1)液體　　(2)氣體　　(3)固體　　(4)以上皆非。

（　）12.當水溫降至攝氏0℃以下再繼續降溫，其狀態會變為

(1)液體　　(2)氣體　　(3)固體　　(4)以上皆非。

（　）13.水變成水蒸氣時

(1)其體積變大　　　　　(2)其體積變小

(3)其體積不變　　　　　(4)體積有時變大有時變小。

（　）14.水變成水蒸氣是

(1)熱量減少　　　　　　(2)熱量增加

(3)熱量不增不減　　　　(4)熱量有時增加有時減少。

（　）15.攝氏0℃的水結成攝氏0℃的冰時，其體積會

(1)變小　　　　　　　　(2)有時變大有時變小

(3)變大　　　　　　　　(4)一樣不變。

（　）16.桌上有甲乙兩個玻璃杯各裝有100公撮（cc）的自來水，其
中各放進一相同體積的冰塊，你若用雙手握住甲玻璃杯一
段時間後，你曾發現甲杯內的冰熔化

(1)比較慢　　　　　　　(2)比較快

(3)甲乙杯一樣快　　　　(4)無法比較。

（　）17.下列那個現象是水蒸發的例子：

(1)夏天早晨的露水

(2)雲變雨

(3)灑在地面上的水會變乾

(4)汽車開冷氣玻璃上呈白露狀。

（　）18.下列那個現象是屬於水的凝結現象？

(1)洗過的衣服晾曬，衣服會變乾

(2)在夏天裡水田上有白煙升起

(3)煮東西時掀開鍋蓋會有很多小水珠

(4)放在室內的一杯水，經過一週後水明顯變少了。

（　）19.火山爆發時噴出來的岩漿是

(1)固態　　(2)液態　　(3)氣態　　(4)以上皆非。

（　）20.四季裡在校園地面上灑水後，那一季的地面水蒸發較快？

(1)夏天　　(2)冬天　　(3)春天　　(4)無差別。

（　）21.水結成冰時，重量會

(1)變大　　(2)變小　　(3)不變　　(4)有時變大有時變小。

（　）22.有固定形狀且有固定體積的物質狀態稱為：

(1)固體　　(2)液體　　(3)氣體　　(4)以上皆非。

（　）23.有固定體積沒有固定形狀的物質狀態稱為：

(1)固體　　(2)液體　　(3)氣體　　(4)以上皆是。

（　）24.沒有固定體積沒有固定形狀的物質狀態稱為：

(1)固體　　(2)液體　　(3)氣體　　(4)以上皆非。

（　）25.在正常狀態下，水沸騰時的溫度是

(1)0℃　　(2)60℃　　(3)80℃　　(4)100℃。

（　）26.從冰箱將飲料拿出飲料罐放在桌上數分鐘後，你會發現飲料罐的外壁有許多小水珠，請問小水珠是如何形成的？

(1)飲料罐周圍空氣中的水蒸氣，遇冰冷的瓶壁而變成小水珠

(2)罐內的冰飲料遇熱變成水珠由罐壁滲透出來

(3)罐子裡的飲料由罐子的空隙跑出來了

(4)罐內飲料蒸發後跑到罐外。

（　）27.下列敘述何者錯誤？

(1)熔化：冰塊變成水　　　　　(2)凝固：水蒸氣變成水

(3)蒸發：水變成水蒸氣　　　　(4)凝結：水蒸氣變成水。

（　）28.燒開水時自壺口冒出的白煙霧是屬於水的何種狀態？

(1)固體　(2)液體　(3)氣體　(4)以上皆有可能。

（　）29.相同重量的冰塊在何種情況下熔得更快？

(1)冰水中　(2)溫水中　(3)室溫下　(3)熱水中。

（　）30.下列四項說明中何者有錯誤？

(1)冰：硬硬的，冰冰的，有點白白的

(2)水：濕濕的，涼涼的，透明的東西

(3)露：可以在空氣中飄浮的液體

(4)水蒸氣：白色煙霧狀的東西。

（　）31.一小包打開的海苔片放在桌上幾天就會變軟，其原因是：

(1)海苔接觸較多陽光　　　　(2)海苔吸收空氣中的水蒸氣

(3)海苔裡的水份跑掉了　　　　(4)以上皆有可能。

（　）32.下列四點有關水沸騰時的敘述，何者是錯的？

(1)有很多的氣泡　　　　(2)水面會產生水的翻滾

(3)水面產生更多的白煙　　　　(4)水量變多了。

（　）33.乾冰遇到水會直接從固體變到

(1)固體　(2)液體　(3)氣體　(4)以上皆是。

（　）34.下列物質何者是氣體

(1)小蘇打　(2)汽油　(3)脂肪　(4)水蒸氣。

（　）35.將包好的樟腦丸撕開放在衣櫥內數週後，你會發現這些樟腦丸都不見，但衣櫥內有濃厚的樟腦味。這一種現象稱為：

(1)蒸發　(2)昇華　(3)熔化　(4)氣化。

第二部份有關受試者參與實驗之後對於此一教學方案之興趣及態度之評量編製教學反應表，此項只用於實驗組。

3. 實驗程序：實驗組教學安排：實驗組與控制組上課時間均為星期二及星期五，每班每週有四節自然科學的課，由於兩組由同一位自然科任老師來擔任在六月十五日至六月二十日那一周內上完物質狀態變化的單元。

4. 統計處理：將實驗組與控制組的前測後測以SPSS處理實驗組前測平均分數68分，後測平均分數85分，而控制組前測平均分數75分，而其後測平均分數87分。

(三)結果與討論

A.兩組受試的單元知識評量成績比較兩組的單元之評量結果如表

表3-24　實驗組控制組對前後測的平均分數及標準差

	前後測				後測較前測增加分數
	前測		後測		
	平均	標準差	平均	標準差	
實驗組（人數37人）	68	1	85	2	17
控制組（人數36人）	75	2	87	2	12

從表3-24的統計結果，實驗組在前後測測出的平均分數進步17分顯然比控制組進步的12分為優，且P<0.05達統計顯著差異。

B.實驗組在概念圖教學後的事後意見反應

這一份調查表的主要目的是想了解這一個學期小朋友上自然科學「物質狀態的變化」單元後的意見，以作為老師改進自然科學教學的參考。作答的時候，每看完一題，就依照自己的判斷，在五個選項中選出一項最適合的意見，然後在選項前的□上打一個✓就可以了。

應用概念圖教學意見問卷

一、本學期上自然科學「物質狀態的變化」單元，老師加入一種概念
    圖的繪製，你覺得這種上課方式和其他單元的上課方式有什麼不
    同？

1. 上課方式較有變化或是較呆板？
　　□(1)很有變化　　□(2)有一點變化
　　□(3)沒有差別　　□(4)有一點呆板
　　□(5)很呆板

2. 大部分教學活動較有趣或是較乏味？
　　□(1)很有趣　　　□(2)有一點有趣
　　□(3)沒有差別　　□(4)有一點乏味
　　□(5)很乏味

3. 上課氣氛較輕鬆或是較緊張？
　　□(1)很輕鬆　　　□(2)有一點輕鬆
　　□(3)沒有差別　　□(4)有一點緊張
　　□(5)很緊張

4. 上課中讓你動動腦筋的機會增加或是減少？
　　□(1)增加很多　　□(2)有一點增加
　　□(3)沒有差別　　□(4)有一點減少
　　□(5)減少很多

5. 上課中讓你發問的次數增多或是減少？
　　□(1)增加很多　　□(2)有一點增加
　　□(3)沒有差別　　□(4)有一點減少
　　□(5)減少很多

6. 上課中讓你回答問題的次數增多或是減少？

　　□(1)增加很多　　□(2)有一點增加

　　□(3)沒有差別　　□(4)有一點減少

　　□(5)減少很多

二、上完這個「物質狀態的變化」單元後，你覺得有什麼收穫？

7. 對「物質狀態變化」的詞彙增加很多嗎？

　　□(1)增加十個詞彙以上　　□(2)增加8～9個詞彙

　　□(3)增加6～7個詞彙　　　□(4)增加4～5個詞彙

　　□(5)增加1～3個詞彙

8. 對「水的三態變化」之概念清楚多少？

　　□(1)清楚80%以上　　　□(2)清楚60%～79%

　　□(3)清楚40%～59%　　□(4)清楚20%～39%

　　□(5)清楚19%以下

9. 對「本單元」概念圖的意義能瞭解多少？

　　□(1)瞭解百分之百　　□(2)瞭解四分之三

　　□(3)瞭解二分之一　　□(4)瞭解四分之一

　　□(5)完全不了解

10.口頭發表的能力更進步嗎？

　　□(1)進步很大　　□(2)有一點進步

　　□(3)沒有差別　　□(4)有一點退步

　　□(5)退步很多

11.你對繪製概念圖教學最大收穫是什麼？

　　□(1)概念更清楚了　　□(2)概念與概念間的關係更瞭解

□(3)口頭發表能力更進步　　□(4)更會動動腦筋找答案

□(5)對自然科學更感興趣

12.你認為這一種繪製概念圖教學的最大缺點是什麼？

□(1)浪費許多時間　　　　□(2)上課秩序不好

□(3)新加入的活動太難　□(4)學到的知識沒有系統

□(5)所學的東西和考試無關

13.你希望下學期（六年級上學期）的自然科學能繼續加入這些概念
圖活動嗎？

□(1)很希望加入　□(2)有點希望加入

□(3)無所謂　　　□(4)不太希望加入

□(5)很不希望加入

學生反應的結果分析

　　在整個實驗結束後，作者設計了一份調查意見表，針對「物質狀態的變化」單元實施概念圖教學的意見，整份問卷共分兩部分，第一部分問學生上課方式：本學期上自然科學「物質狀態的變化」單元，老師加入一種概念圖的繪製，你覺得這種上課方式和其他單元的上課方式有什麼不同？

1. 上課方式較有變化或是較呆板：這題中選很有變化者佔28.9%，還有一點變化者佔36.8%，還沒有差別者佔21.0%，選有一點呆板者佔10.5%，選很呆板者佔2.6%。

2. 大部份教學活動較有趣或是較乏味，這題中選有一點興趣者佔36.8%最多，選很乏味者佔5.2%最少，其他分別為很有興趣佔31.6%，有一點乏味18.4%，沒有差別佔7.9%。

3. 上課氣氛較輕鬆或是較緊張？這題中以答很輕鬆最多佔50%，答很緊張最少0%，其他依次以答有一點輕鬆有28.9%，有一點緊張佔13.2%，答沒有差別佔7.9%

4. 上課中讓你動動腦筋的機會增加或是減少？這題中以答有一點增加最多39.5%，以有一點減少最少0%，其餘答增加很多者佔31.6%，答沒有差別者佔26.3%，答減少很多者佔2.6%。

5. 上課中讓你發問的次數增多或是減少？這題中，以答有一點增加者為42.1%最多，以答有一點減少佔2.6%最少，其他選沒有差別者佔29%，還增加很多者佔18.4%，選減少很多者佔5.2%。

6. 上課中讓你回答問題的次數增多或是減少？這題中以答有一點增加者佔39.4%，以答減少很多者0%，其他依次答沒有差別約26.3%，增加很多者佔21.1%，有一點減少佔13.2%。

第二部分問學生的收穫：上完這個「物質狀態的變化」單元後，你覺得有什麼收穫？

7. 對物質狀態變化的詞彙增加很多嗎？這題中以答增加8～9個詞彙最多佔28.9%，以答增加1～3個詞彙最少佔5.3%，其他依次以答增加4～5個詞彙佔23.7%，增加6～7個詞彙佔21.1%，增加十個詞彙以上佔比18.4%。

8. 對水的三態變化之概念清楚多少？這題五個選項中只有前三選項有人選，亦即選清楚80%以上者佔71.7%，還清楚60～79%者佔18.4%，選清楚40～59%者佔7.9%。

9. 對本單元之概念圖的意義能瞭解多少？這題中以答完全瞭解四分之三以上者佔最多為44.7%，答完全不瞭解者佔0%，其他依次為答瞭解百分之百佔28.9%，瞭解二分之一佔13.2%，瞭解四分之一

佔7.9%。

10.口頭發表的能力更進步嗎？其中以答有一點進步最多佔57.9%，答有一點退步為0%，其他依次為進步很大與沒有差別佔一樣的百分比佔18.4%，答退步很多者佔2.63%。

11.你的繪製概念圖教學最大收穫是什麼？這題中（此題為多重選擇）以概念更清楚了佔63.2%，概念與概念間的關係更瞭解者佔55.3%，對自然科學更感興趣者佔52.6%為最多而其餘選更會動動腦筋找答案者佔28.9%，口頭發表能力更進步佔18.4%。

12.你認為這一種繪製概念圖教學的最大缺點是什麼？這題中以答上課秩序不好者最多佔39.5%，答浪費許多時間，及新加入的活動太難均佔26.3%次之，其他依次為學到的知識沒有系統佔18.4%，所學的東西和考試無關佔10.5%，其他佔2.63%。

13.你希望下學期（六年級上學期）的自然科學能繼續加入這些概念圖活動嗎？這題中以無所謂佔最多約34.2%，答很希望加入佔28.9%，有點希望加入者佔15.8%，不太希望加入者佔10.5%，還很不希望加入者佔7.9%。

C.主試者的參觀日誌：

於某實小的教學觀察日誌：

物質狀態的變化

物質狀態的變化在五年級下學期自然科第十冊第三單元，為了配合本學期的天氣狀況，諸如與天氣狀況息息相關的單元：天氣的變化、太陽和季節、光合作用、透鏡等單元先上，而物質狀態的變化在後段上，本單元在某國民小學的五年X班與Y班進行研究，本研究分

實驗組及控制組兩組，均進行教前之前測及教後之後測。

六月十六日星期二下午1：10至2：40兩節課及

六月十九日星期五上午10：20至11：50兩節課進入教室觀察。教室觀察得到的情形如下：

首先映入眼簾的是活動一：比較冰和水的主要異同。在活動進行中，學生非常興奮，由於有冰山及相關的圖片，在引起動機方面相當地成功，接著上課。進行活動二：水不見了。重點放在水的蒸發，有些「晾曬衣服」、「大馬路上灑水車」的圖片來引起動機，喚起其有關「水蒸發」的舊經驗，使能銜接水的三態變化，其中也使用溫度計測量水溫，在此教學活動期間，學生能與教師產生互動，能回答溼的衣服及馬路上的水經日曬後蒸發的結果，也能回答燒開的水會翻滾且產生白煙，教師藉著概念圖，很清楚地交代水與水蒸氣之間，水經加熱變成水蒸氣，而水蒸氣冷卻形成水的關係。學生的發問及回答問題比概念圖實施前熱烈及踴躍，帶動了師生之互動。臨下課前學生還意猶未盡的問問題及整理自然科的概念。

4. 結論與建議

此研究只使用兩班，樣本不多，但也發現了高年級較適合此種統整概念及概念間關係的概念圖教學，在應用概念圖的教學方案，雖只選了兩班，卻發現實驗組經過教學實驗，平均分數增加17分，控制組經過教學實驗，平均分數增加12分，統計顯示實驗組優於控制組且達統計的顯著水準，由實驗後的「概念圖教學意見問卷」顯示了學生約三成以上持非常正面的肯定，其在教學活動興趣項、上課氣氛、輕鬆項、發問、答問頻率項，均有七成以上持正面肯定的態度。另外部份是學生的收穫方面的反應，學生有六成以上認為繪製概念圖讓他們概

念更清楚，其他詞彙的增加6～7個以上約佔七成，水的三態概念更清楚佔七成以上，概念圖的意義、口頭發表的能力均呈肯定及正面的回答。有九成的學生不反對下學期再採用此教學法，但是概念圖教學的共同反應是上課秩序不好。因此建議高年級自然科可用概念來教學，並加以維持上課秩序。

建議：

(1)概念圖教學方案能釐清學生的科學概念使其更清楚，國小自然科教學不妨多闢此一教學管道以加深學生對自然科的概念。

(2)概念圖教學方案，師生互動（諸如發問、答問）更頻繁，可以以此教學法來改善師生的關係，並提升教學品質。

(3)概念圖促使學生統整以前學過的自然科概念，在高年級的自然科上課可以提升學習效果，建立學生的概念網、概念間的關係、主概念與次概念間的關係、竭盡所能的舉例子，增加學生對科學概念的建立。

(4)可以介紹此教學法給小學教師，建議多舉辦研討會，以利小學自然科教師提升教學品質。

(5)建議下表所列的高年級自然科單元可用概念來教學。

高年級自然科可用概念圖教學的單元

冊別	單元名稱	內容簡介
第九冊	看星星	・能以肉眼辨認星星。
		・能觀察仙后座、北斗七星、夏天三角，能以仙后座或北斗七星辨認北極星。
第九冊	力與運動	・能知道何者受了力。
		・能以力圖表示作用力情形及力之大小。
第九冊	槓桿	・能以槓桿做事。
		・能推論出槓桿原理。
		・能實際操作槓桿使其平衡。
第九冊	輪軸與滑輪	・能知道輪軸與滑輪可以用來幫助做事。
		・能操作輪軸使其省力。
		・能遵照槓桿來做事。
第十冊	物質三態	・能知道水的三態與熱量有關。
		・能知道水加熱變成水蒸氣，水冷卻變成冰。
		・能知道自然界的一些水的現象。
第十冊	透鏡	・能透過透鏡看東西。
		・能辨認透鏡有凸透鏡及凹透鏡。
		・能以透鏡找影像。
		・放大鏡之使用。
第十冊	電磁鐵	・能知道放在通電之線圈上、下、左、右的指南針之指針會偏轉。
		・能瞭解通電之大小會影響指針之偏轉角度大小。
		・能製作電磁鐵。
第十一冊	密度	・能作物質重量與體積的比值。
		・能測膠泥、鐵塊、木塊…等之重量、體積及重量對體積之比值。
第十二冊	電動機	・能知道日常生活中利用電動機之器具。
		・能製作電磁鐵。
		・能做整流器。
		・能做電動機。

三、建構主義教學方案

(一)緒論

此研究目的在於分析高年級學生施建構主義教學於國小自然科學之教學成效。

建構主義（constructivism）是有些與Piaget的認知發展論（Developmentalism）（Piaget, 1970）、Skinner的行為論（Behaviorism）、Ausubel的前置組織因子（Advance organizers）（Ausubel, 1968）、學習環（Learning cycles）、資訊處理理論（Information processing）及生成式學習模式（Generative Learning Model）等有密切關聯。目前科學教育普遍受到「建構主義取向」的影響，學者並認為這是科學「教學」走向世界觀的一個重要基礎，能主動建構知識並由個體的經驗建構有意義的概念（熊召弟，民83）一般學者認為建構主義的三大原則是「主動原則」、「適應原則」及「發展原則」。建構主義應用到目前的科學教育之領域可謂風起雲湧，美國、歐洲、亞洲等地區均進行此項的研究。國內在國科會大力引進、介紹之下，積極進行應用建構主義到科學教學和學習、學習評量、乃至科學師資培育的研究，期望能對我國科學教育有所幫助。

(甲)文獻探討

建構主義（Constructivism）是一種知識論，它強調與關心認識（Knowing）及知識（Knowledge），Knowing是動態的，而Knowledge則是靜態的，認識牽涉的問題包括「知識如何產生？」、

「認識主體如何瞭解其環境？」、「知識如何成長或變化？」；知識牽涉的問題包含「知識的結構為何？」、「知識的真假如何判斷？」、「知識與被認知的對象之間的關係為何？」

建構主義的三大原則是「主動原則」、「適應原則」、「發展原則」。第一原則「主動原則」的要義：知識是認知的主體乃是人，任何知識均是學習者主動建構形成的，也就是說學習者要有先備概念（preconcept）當作知識的磚塊來建構新知識之結構體。第二原則「適應原則」的要義：認知的功能是適應性的，是用來組織其經驗世界的，學習者認知所組織的經驗世界，並非發現的本體（Von Glasersfeld, 1989）。第三原則「發展原則」的要義：知識是透過皮亞傑不平衡（unequilibrium）→同化（assimilate）→適應（accommodation）等三步驟成長的。

由上述可見建構主義的優點在於學習者的主動建構、適應組織經驗世界及發展新知識。以往的科學教育均以教師講授為主，忽略了學習者的反應及學習者內在的建構概念，或放任學習者內在的建構未加以引導。建構主義由於是學習者的自我建構學習，而建構的基礎在於其先備概念（preconcept）。因此，欲以建構主義取向施行於科學教育的所有階段有其困難，至少不宜在低年級實施，因為年級太低，自然科學的先備概念較貧乏，不易施行，反之，在國小高年級引入建構主義的教學，其優點及效益顯然會比在國小低年級引入建構主義來得顯著。

建構主義：從郭重吉（民81）及許榮富（民79）引自Nussbaum（1989）之知識觀分類，建構主義認為知識是由人類建構而來，而非人類發現而得。舉近代的一些科學定律為例，諸如萬有引力定律是

牛頓由觀察、假設、驗證、推論等方法構建起來，而非宇宙本來就有萬有引力定律存在，牛頓只是想辦法找到了它。另一與建構主義關係非常密切是皮亞傑（Piaget）哲學思想—其源自亞里斯多德、康德、黑格爾等人之思想，建構主義因皮亞傑思想而獲得充實與完整性（江新合，民81）。建構主義應用到國小自然科學的教學是有其理論根據，依照皮亞傑的心理發展，國小高年級的學生已進入具體操作期（Concrete operation period）的後期，正是運思操作期（Abstract/Thinking operation period）之先前期，是引入建構主義的好機會。

國內多位教授興趣盎然地進行建構主義的教學與學習之研究，但多集中於國小生物、化學，較少觸及物理方面，美國Shymansky等人曾應用建構主義於在職中學教師的物理教學（Shymansky, 1993），得到非常好的成效。雖然國內的學者有將建構主義的教學應用到自然科但對國小自然科的物理部份尚不多，作者乃致力於這方面的研究，期望使國小自然科教學研究更臻完備。

(乙)建構主義教學與學習

學習者在建構主義教學下發生概念改變或知識成長之過程的相關圖示，依阿伯利頓（Appleton, 1989）的創見示於圖3-7：

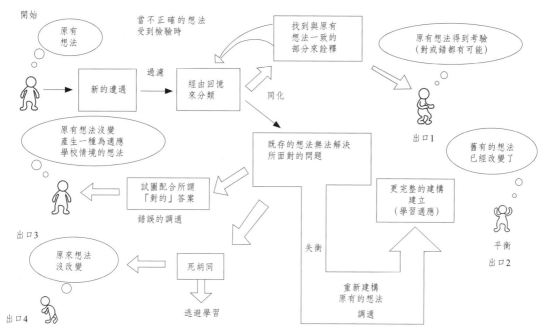

圖3-7　在建構主義教學下，概念改變或知識成長之過程（Appleton, 1989）

　　再以英國的**SPACE**（Science Process and Concepts Exploration）的計畫，其教學的模式如下圖：

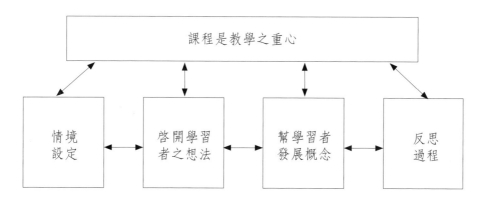

圖3-8　英國的**SPACE**（Science Process and Concepts Exploration）計畫的教學模式

以建構主義的學習與教學觀點，課程是真正的重心，但一個課程要良好與情境設定、學習者之想法、概念發展及反思過程息息相關。

本文之目的在於將建構主義應用到國小自然科的教學。由於建構主義的學習是要由學習者自行構築概念，國小中低年級的學生對自然現象及日常生活經驗並沒有高年級學生豐富，在篩選樣本時，決定篩選國小高年級的學生，採用建構主義的學習，嘗試分析國內建構主義教學情形是否其實施成效也受到文化差異的影響？地區差異（諸如城鄉差異）是否也會影響其概念的建構？又採用建構主義的教學與傳統的學習方式是在科學概念的發展上有何異同？有那些概念採用建構主義學習方式較傳統的學習方式來得好？有那些概念採用在兩種學習方式並沒有統計的顯著差異？透過教室中的觀察、觀察自然科教學的實際過程，並分析其是否合乎建構主義的教學。

(丙)研究目的

國小科學教育是科學教育的奠基工作，以建構主義取向從事科學教學乃大勢所趨，如何擷取其精神並應用於國小自然科學教學，乃為當務之急。研究以國小高年級學生為對象，針對國小高年級自然科學，教師如何施以建構主義教學，並探討學生對概念之瞭解。

(二)研究方法

研究是採用五年級不同學區的兩個學校，一為域區學校（以建構主義教學），一為郊區學校（以傳統方式教學），各取一班，一班為實驗組（建構主義教學），一班為控制組（以傳統方式教學），在施

測之前對兩班的自然科教師進行一週的密集研習，將整個施測計畫與兩位老師進行討論，包括研究的目的，研究方法…均一一與兩位老師充份溝通。

採用進入教室觀察，以錄影錄音及現場記錄為原則，研究者以不影響教師教學為原則，以幾乎保持「隱形人」的型態出現在教室，分析兩班歷經一年的自然科教師建構主義與傳統方式教學情形，以質的研究搭配少許量的研究。

在一年的研究中教室觀測發現的結果及數據分析於後。

(三)重要結果討論

兩位參加計畫的教師，分別有自然科教學經驗十五年的C師，及三十年的G師，實驗組的教學方式採用建構主義的教學法，亦即使用「主動原則」、「適應原則」、「發展原則」進行建構主義教學，而控制組則進行「傳統教學」。茲將兩組的教學情形比較如下：

傳統教學方法	建構主義教學方法
G師：	C師：
・教學以灌輸科學概念的方式講解	・教學以建構主義的教學方法。
・教學熱忱、熱心，諸如：以學校保存的舊教材的地層模型來講解地層及等高線，足見G師善用模型、教具。	・教學以實驗為主，將課本內容融入實驗中，使課本內的概念，能很清楚的交待，培養學生對科學的興趣。
・教學以教師為中心，而學生必須聽命於教師的講授	・教學以學生為中心

傳統教學方法	建構主義教學方法
G師：	C師：
・教自然科時常要其中一位學生帶領全班讀課文。（可能為此教師教學的特殊風格）	・每一教學單元均以學生為主，由學生親自作實驗，再由各組組內討論完後，有了結論再由代表起來報告，C師在專科教室上課時，有條不紊，使教學達到良好的效率。
・教自然科時國、台語交叉使用，某些方面極具鄉土（因此學區屬於郊區）（可能是教師人格特質，但也易造成學生誤解其概念。）	・每節課每一單元均要學生透過「主動原則」，而後「適應原則」等到學生均瞭解概念再予以擴展到「發展原則」。

　　總括說來，建構主義的教學方法，以學生為主，由學生依「主動原則」及「適應原則」進而至「發展原則」的程序學習。這在自然科的學習上，較易建立概念，教師的教學也事半功倍。例如：負責實驗組教學的老師安排學生親自作實驗並觀察，教師希望同學們能在同一組先行討論，然後再由該組一名代表站起來發表意見，學生若回答不清楚的時候由教師以「然後呢？」來引出更多的問題，啟發學生對概念能更深入的瞭解，在學生回答不完整時會提醒學生作補充，而教師是不給予正確答案的，鼓勵學生自己找答案，用學生自行蒐集的資料來支持學生自己的論點，此符合了建構主義教學法中的「主動原則」，而在建構主義教學中，教師會留一段時間讓他們自己去發現或去建構核心概念與相關概念間的概念圖，此符合建構主義教學中的「適應原則」，在此段時間中，讓學生將新的概念與以前的相關概念關聯起來並找出相異及相同處，乃是建構主義教學中的「適應原則」，在學生上完此單元以後學生能自動自發作習作，找尋課外讀物增廣見聞，是屬建構主義教學中的「發展原則」。

實驗組的教學概要

　　實驗組的教師很有經驗，能充份掌握建構主義教學的「主動原則」，讓學生充份主動踴躍發表意見。在C老師的教學活動，如：光合作用的單元、電磁鐵單元中，實驗組的教師都儘量由同學們自由發言，讓他們相互討論出正確概念。例如在上述單元中，在進行到對葉子加溫，以便用碘液測試有無葉綠素存在時，老師先要求各組討論如何將葉子加溫，其間老師會提示討論直接加溫的不適當之處，最後學生認為應將葉子放入水中，再由酒精燈對裝有水之燒杯加溫，然後再加碘液於葉子上。此種由學生相互討論得到適當方法的教學過程，形成了建構主義教學的「主動原則」。至於那些與「常態程序或方法」（Normal procedures or methods）不同或有差異的學習組，也會由於互動（Interaction）以符合「適應原則」的過程，產生較合乎「常態程序或方法」的結果。（Von Glasersfeld, 1995），C師在實驗活動結束後又同時要學生報告光合作用的情形，並且要他們報告光合作用之應用層面，無外乎要達到建構主義教學中的「發展原則」，驗證知識的成長是透過同化、調適及反思性抽取等歷程逐漸發展而成，後續知識必須基於先備知識（詹志禹，民85）。學生在上完電磁鐵單元後也能提出：港口的貨櫃是利用電磁鐵的作用搬到船上的。此符合了發展原則，又此師的教學與江新合（江新合，民81）「建構主義教學策略在國小自然科教學的應用模式」，理論有非常吻合之處。該師確實以建構主義的教學，探討科學知識的起源、成長及性質等，以利受教學生構築科學概念。

控制組的教學概要

在控制組方面，也就是使用傳統方式教學的G師在上課時第一步就勾勒出該單元的重點，例如電磁鐵的單元，G師會解說電與磁的概念，教師的教學方式是使用由上而下（Top-down）以教師為中心的方式，認為科學概念只要藉由灌輸即可，教師講解科學概念，學生接受科學概念是教學的常態。G師花了許多時間在示範實驗上，然其中最特別的是，由一位學生帶領全班讀自然科課本，並且要學生畫下重點，此師算是非常盡職的教師，培養學生一個口令一個動作。在作電流的磁效應實驗時，親自到每一個學生的位置上用剪刀剪開漆包線。但針對學生的問題諸如：電流為何會產磁的問題？卻隨意答覆電流會生磁，而不藉著實驗來引導學生形成電流的磁效應的概念，以致於剝奪了學生許多可以經由「自動原則」及「適應原則」學習的機會，更遑論「發展原則」了。上課時在無形中採用了填鴨式的教學，許多實驗活動只是為了驗證課本中理論的正確性，鮮少提供學生自我學習之「主動原則」、「適應原則」及「發展原則」的概念。有時教師也曾在學生作完實驗後與全班討論，但均是狹隘地引入教師心目中單一的標準答案，落入傳統教學之窠臼內。學生將自然科學當成文科記誦。控制組的G師以標準傳統的方式來教自然科學。

學生對兩組教學型態之反應的問卷調查

學生對C老師及G老師的教學型態的反映及印象，由研究者以調查問卷的方式了解，其中問卷採勾選部份及文字敘述兩部份。

學生對實施建構主義教學之C老師的教學反映為：

在上課方式的變化方面：

有24.1%的學生認為上課方式很有變化

　58.6%的學生認為上課方式有一點變化

　17.2%的學生認為上課方式沒有差別

關於教學活動方面：

有24.1%的學生認為上課方式很有趣

　37.9%的學生認為上課方式有一點有趣

　24.1%的學生認為上課方式沒有差別

　13.8%的學生認為上課方式有一點無味

上課氣氛方面：

有13.8%的學生認為很輕鬆

　58.6%的學生認為有一點輕鬆

　24.1%的學生認為沒有差別

　13.8%的學生認為有一點緊張

在上課中讓學生動動腦的機會方面：

有34.5%的學生認為增加很多

　31.0%的學生認為有一點增加

　27.6%的學生認為沒有差別

　6.8%的學生認為有一點減少

在上課中讓學生發問的次數方面：

有6.9%的學生認為增加很多

　44.8%的學主認為有一點增加

　37.9%的學生認為沒有差別

　6.1%的學生認為有一點減少

3.5%的學生認為減少很多

在上課中讓學生回答問題的次數方面：

有20.7%的學生認為增加很多

　51.7%的學生認為有一點增加

　17.2%的學生認為沒有差別

　10.3%的學生認為有一點減少

下面是學生對G老師的教學反映：

在上課方式的變化方面：

有15.2%的學生認為上課方式很有變化

　48.5%的學生認為上課方式有一點變化

　24.2%的學生認為上課方式沒有差別

　9.1%的學生認為上課方式有一點呆板

關於教學活動方面：

有24.2%的學生認為上課方式很有趣

　48.4%的學生認為上課方式有一點有趣

　18.2%的學生認為上課方式沒有差別

　9.1%的學生認為上課方式有一點無味

在上課氣氛方面：

有45.5%的學生認為很輕鬆

　21.2%的學生認為有一點輕鬆

　12.1%的學生認為沒有差別

　21.2%的學生認為有一點緊張

在提供學生動動腦的機會方面：

有6.1%的學生認為增加很多

63.6%的學生認為有一點增加

27.3%的學生認為沒有差別

3.03%的學生認為有一點減少

在上課中讓學生發問的次數方面：

有3.0%的學生認為增加很多

42.4%的學生認為有一點增加

42.4%的學生認為沒有差別

6.1%的學生認為有一點減少

6.1%的學生認為減少很多

在上課中讓學生回答問題的次數方面：

有6.1%的學生認為增加很多

39.4%的學生認為有一點增加

36.4%的學生認為沒有差別

18.2%的學生認為有一點減少

　　從學生反映之資料發現，在上課方式方面接受建構主義教學方式之學生有82.7%認為建構主義上課方式有變化，較接受傳統教學方式之學生的63.7%來得高；在關於教學活動方面，接受傳統教學方式的學生有72.6%認為興趣，高於接受建構主義教學方式之學生的62%。在上課氣氛方面，接受建構主義教學的學生有72.4%認為輕鬆，高於接受傳統教學方式之學生的66.7%，且超出5.7%之多。在上課動動腦筋的機會方面，接受建構主義的教學及接受傳統教學中分別有65.5%及69.7%的受訪學生認為動動腦筋的機會增加了；在上課時讓學生發問的次數方面，接受建構主義教學佔51.7%的受訪學生認為發問的次

數增多了，較45.4%的接受傳統教學高6.3%，至於在上課中讓學生回答問題的次數方面，接受建構主義教學法中有72.4%的受訪學生認為回答問題的次數增加了，這遠大於只有45.5%的接受傳統教學的學生，他們覺得回答問題增加了。以上足以證明建構主義教學較傳統教學受學生歡迎，且科學概念的建立較易。

(四)建議和討論：

從本研究看來國小自然科教學有許多單元可用建構主義的方式教學，因為其成效比用傳統教學好。雖G老師之學生有72%認同傳統教學活動多有變化，但C老師的建構主義教學在其他方面卻表現較優，值得推廣。作者建議國小自然科教師可分北、中、南、東四區分別舉辦教師研習會或研討會來推廣建構主義教學以使國小學生在學自然科時能經由「主動原則」、「適應原則」及「發展原則」的實施，達科學概念之建立以收事半功倍之效。也不枉費本研究之用心了。

四、迷思概念發掘教學方案

以國小學生在電學、磁學為例。

(一)緒論

　　根據美國學者Brown（1992）的研究，學生在學習科學概念中常遭遇到問題，學生的概念中，有些與科學家的科學概念頗不一致，有些概念是與科學家的科學概念則不謀而合。Brown設計並提出矯治（Remedial）迷思概念（Misconceptions）之教學策略，以期能矯治學生常有之迷思的概念，使其概念轉變。國內郭重吉（民78）也作此方面之研究，認為國小學生在概念上有屬於天真概念（Naive conceptions）、先前概念（Preconceptions）及另有架構（Alternative frameworks），其中有屬於與科學家相一致的概念，有與科學家不一致的概念。他認為這些既有的概念，或多或少會干擾正常的概念學習，對於學習自然科學有負面影響。

　　我國國小自然科學新課程自民國六十七年實施以來，經過兩次修訂（毛松霖，民78），已大致完備，課程當中涵蓋的物理單元部分有：力學單元、熱學單元、光學單元、電磁學等單元，其中課程專家已注意到國小自然科學的課程是否合乎國小學生的心智發展，又編訂的課程內容也盡量顧及學生的概念是否會如同課程專家所預期地建立正確的科學概念。實際上，部分學生在學習上仍有一些迷思概念（Misconceptions）。依照美國學者Lawson et. al.（1989）對於迷思概念的探討，認為迷思概念是妨礙正常學習之絆腳石。本研究針對我國國小自然科學中的物理單元，探究其是否會引起迷思概念之傾向，及課程之編排是否適合國小之心智發展。據實際負責國小自然科學的國小教師反映及師院負責台北市國小輔導的實習輔導室教授所得的經驗，電學的單元是國小學生概念學習上較感困難的部分，可能肇因於

國小學生對電學有迷思概念,本研究乃針對國小學生在電學方面迷思概念進行探討。

依照姜滿(民81)的研究,國小學生之所以有迷思概念,乃源自於每個人日常的經驗、語言或隱喻(metaphor)及認知發展的遲緩所產生。根據美國AAAS在2061計劃中Phase I(AAAS, 1993)提到美國為了因應下個世紀的科學教育,對於基礎科學,包括了物理、化學、生物,正在作全面性的改革,其中提及要更關心學生對科學概念之瞭解,以學生為中心(Student-center)而非教師為中心(Teacher-center)來進行課程之編纂,其Phase II亦將納入課程內涵。

國內黃湘武、黃寶鈿(民78)提出了學生比熱及熱平衡概念的迷思概念類型,也指出國小學生有與心智發展相關之先前概念。而美國Brown(1992)、陳忠志(民76)也提出迷思概念是阻礙學生建立正確科學概念的主要原因,故Brown也提出設計矯正迷思概念的策略方法,以期消除學生的迷思概念。

筆者有鑑於此,乃以電學方面之迷思概念作為探究。

(二)研究方法及進行步驟

筆者採取質與量兼具的研究法來研究國小學生對電學的概念發展,主要是以訪談方式來研究國小學生在電學上的迷思概念。我們要分析究竟國小學生在電學單元裡有多少百分比的受訪學生是有迷思概念,且在受訪的四年級學生中,每位受訪者又分兩次訪談,第一次在該受訪者上相關的電學單元之前訪談,第二次在該受訪者上過相關的

電學單元之後訪談。再者我們可以依訪談者的前、後測（第一次訪談、第二次訪談）類型，來探討課程在概念發展中扮演之角色，總括來說：本研究採取質的研究（Qualitative Research）的部份，是以訪談方式進行，再由樣本學生的基本資料來分析有迷思概念的原因，如有必要再加入追蹤訪談，以確定樣本學生迷思概念改變情形。

　　針對這些單元，挑出可能之概念，並製作訪談的問題，先以3位四年級國小學生先行作預試（Pilot study），看看題目的遣詞用字是否合乎學生之心智發展，並依預試時學生的回答來修正題目，以作為正式訪談之用。第二階段是篩選台北縣市的學校六所，每校再篩選2人，樣本學生共12人，在學生尚未上電學單元之前作第一次訪談，在學生上過電學單元之後再作第二次訪談。進行資料蒐集後再作分析。

(三)緒論

　　此研究訪談資料經分析，發現有幾項結果試題見附錄丁。

　　十二位樣本學生上完電學單元再進行的後測較上電學之前的前測成績來得好。第二次訪談提出解釋之理由也較第一次訪談來得詳細與清晰。

　　第一次訪談樣本學生在第一題電池兩端名稱：58.3%的樣本學生沒有正負極的概念，只有一半的樣本學生擁有正確的電池的正負極之概念。

　　第二題有關電池、電線、燈泡之聯接使其燈泡亮起來的問題：有16.7%之樣本學生沒有此方面之概念，有16.7%之樣本學生有概念但不會畫圖，有16.7%之樣本學生擁有迷思概念。

　　第三題有關良導體與不良導體訪談中，有高達33.3%（即1/3）的樣本學生無導體概念或只有部分的概念。

4(1)即第四題第一小題串聯電池的亮度比較中，有25%之樣本學生沒有此方面的概念或概念有點模糊。

4(2)即第四題第二小題在串聯的電路中拿下一個電燈，另一燈是否會亮之訪談，有41.6%的樣本學生擁有迷思概念，但仍有16.6%樣本學生沒有回答或不會回答。

5(1)即第五題第一小題在並聯電路中，電燈並聯，電燈亮度會如何之訪談，有58.3%的樣本學生擁有迷思概念。

5(2)第五題第二小題並聯電路中，原先電路中的兩燈皆亮，若將一燈拿起來，另一燈會不會再亮之訪談，有25%之樣本學生認為另一燈不會再亮，顯然此批學生患有迷思概念。

6(2)第六題第二小題兩電池並聯供應一個電燈，另一電池供應一個電燈，哪一個會較亮，有44.7%的樣本學生認為兩個電池供應一個燈來得亮之迷思概念。

6(3)即第六題第三小題，在樣本學生一、二學生答二個並聯電池供應一電燈較一個電池供應一電燈持久，其理由是二個並聯電池輪流供應電流給電燈，當其中一個電池耗盡了電以後，再由第二個電池供電，此與真正情形迥異，此為樣本學生之迷思概念。

　　第七題將手電筒開關接通，仔細觀察，哪個電池電流最大，有66.7%之樣本學生有迷思概念，他們認為較靠近燈泡的那個電池通過的電流最多，或認為所通過電流一樣，是每一個電池的電力均一樣，其實是電荷不能屯積，通過第一個電池的電流，必通過第二個電池的電流，必通過第三個電池的電流，而非如患迷思概念學生所稱電並不

一樣之故。

第二次訪談樣本學生口較第一次訪談時概念清晰多了。尤其第一題：電池兩端名稱、第二題：將電線、燈泡連接之燈亮情形、第四題第一小題：在串聯電池中，串2個電池與串3個電池的電燈哪個較亮，訪談時正確概念已達100%。但第四題第二小題：在串聯的電路中，拿掉一個電燈，另一個還會亮嗎？仍有16.7%的樣本學生有迷思概念，他們認為燈仍會亮；第五題第一小題：在並聯電路中，電燈並聯，電燈亮度會如何？仍有66.7%的樣本學生有迷思概念；在第六題第二小題：二個電池並聯供應一個電燈，另一個電池供應一電燈，哪一個較亮？仍有66.7%之樣本學生有迷思概念；在第七題：手電筒通電時，哪個電池通過的電流較多？仍有58.3%之樣本學生有迷思概念，認為靠近燈泡的電池通過的電流較多。

在針對兩次之樣本學生中，仍以樣本學生九及十迷思概念總數最多，原因是樣本學生九及十住在偏遠山區，可能缺乏文化刺激所致。此兩位學生在手電筒之通電電流之多少也採取輪流說，與其他樣本學生的解釋不一樣。

在並聯電路中，電燈並聯，電燈亮度會如何？此類型題目，對四年級的學生而言，並不因為課堂已上了此單元而減少迷思概念的百分比，反而由第一次訪談的58.3%增加到66.7%，檢試四年級第七冊的自然科課本，並沒有電燈並聯的概念，依照皮亞傑（Piaget, J.）的心智發展理論，6、7歲～11、12歲是具體操作期，所以概念必須透過具體操作才能建立起來。另方面目前國小自然科教學可能仍難擺脫書面講解，少有課外題目來補充，以致於碰到生活相關的問題，往往樣本學生無法回答。

(四)建議：

樣本學生對於串聯的電池或串聯的電燈之訪談較易理解，而對並聯電池或並聯電燈之電路不易理解，建議自然科課本在編排時能將並聯電燈或並聯電池多安排實驗，以增加概念之瞭解。

此種迷思概念發掘教學對目前國小自然科教學具深遠影響及推廣價值。

五、概念發展教學方案

以國小高年級自然科四輪車與小山坡單元為例。

(一)緒論

我國國小自然科學自民國六十七年實施以後，經過兩次修訂（毛松霖，民78），以適合社會需要並與社會同步。筆者鑑於此，針對「四輪車與小山坡」的單元進行研究。強調科學概念正是整個世界的潮流。在概念方面：國內目前在國家科學委員會的推動下，分別針對從國小、國中、高中與大學的理科進行概念發展研究，先前有黃湘武教授、黃寶鈿教授的國中生理科概念發展研究（黃湘武、黃寶鈿，民78），王龍錫亦於民國八十年度完成國小學生光直進之研究。國外有許多學者如Brown, Clement, Champagne及Tennyson等專注於迷思概念的研究（Brown, 1992），其中含有天真（先天）概念

（Naive conceptions）、先前概念（Preconceptions），天真（先天）概念乃是學生在未接受教育前的一些想法或概念，先前概念乃是學生從日常生活經驗中所形成的，在天真概念與先前概念中，有些是迷思概念，有些則符合科學家的科學概念。Champagen, et. al.認為，迷思概念在解題上有負面的影響，會影響學生對教材概念之瞭解（Champagen, et. al., 1980）。另外，天真概念也阻止了學生對教材概念之瞭解（Sjoberg & Lie, 1981; Viennot, 1979; Clement, 1982; Halloun & Hesteness, 1985; Brown & Clement, 1989），Drive等學者研究發現天真概念可能抑制概念學習與概念之瞭解（Drive & Eslay, 1978; Drive & Erickson, 1983; Mc Closkey, 1983）。

本研究旨在瞭解我國國小六年級學生在「四輪車與小山坡」單元中，究竟有些什麼天真概念、有什麼先前概念、有什麼另有架構及迷思概念，而這些天真概念、先前概念及另有架構，究竟有哪些概念與科學家的概念相吻合，有哪些並與科學家的科學概念不相一致而是屬於迷思概念的，均是本研究之研究重點，以研究建立我國國小學生自然科學概念發展之模式，診斷學生迷思概念之類型，並設計教學對策予以矯正，做為我國國小科教的奠基工作。

(二)研究方法及過程

本研究探討國小六年級學生「四輪車與小山坡」之概念發展，作者採用晤談方式，由台北縣市隨機選十四所國民小學，台北市選取九所國民小學，而台北縣選取五所國民小學，再從各個學校的六年級學

生隨機取樣選取學生一名，由作者設計試題並聘請專家修正，作為晤談之題目，由作者在台北市立師範學院視聽教室進行訪談並錄影與錄音，訪談的方式是訪談者提問題來訪問學生，請學生回答，作者進一步地分析訪談內容概念並加以討論。其中分成縱的分析與橫的分析，縱的分析即以樣本學生的個案為主軸，將第一次訪談與第二次訪談的概念作比較，比較兩次受訪者回答之概念是否有顯著之差異。在橫的分析方面，亦以訪談的試題為主，以十四個個案的答題內容所顯示概念，來分析其出現各種答案及樣本學生之百分比及分佈之頻率，試題及分析。（請參照附錄戊）

在學此單元前及學此單元之後各晤談一次，即前測與後測做為同一樣本學生在此單元之概念發展之研究依據。作者感到興趣的是研究哪些樣本學生會有迷思概念，又有多少百分比的樣本學生在第二次訪談仍舊患有迷思概念。

作者對迷思概念予以分析解釋，以做為診治之依據及設計有效之策略，此部分屬於質的研究。

(三)結論

本研究前後花了一年的時間，針對六年級自然科學中「四輪車與小山坡」單元，對台北縣市國民小學十四名學生進行第一次（學生尚未上此單元之前）、第二次（學生上過此單元之後）之訪談，在結果分析中，不管是縱向的個案第一、第二次之訪談分析，抑或是橫向十四個個案針對某一試題的整體之分析。

　　本研究的樣本由十一歲至十二歲不等，樣本所屬的學校座落在台北市、台北縣。依人口結構來分，十四個樣本學生的學校分佈於市區、郊區及城鎮。樣本學生在概念上的發展歸納成下列幾項：

(1)第二次訪談樣本學生之答題內容中的概念與第一次訪談樣本學生之答題內容中的概念之比較，整體而言是較有深入的概念描述，內容亦不只單一概念，有些回答內容涵蓋數個概念，諸如：騎車上山坡較累的原因，第一次訪談內容符合科學家的科學概念只有「山坡較直立」。然而第二次訪談時已提到「陡的高度高」、「陡的角度較大」、「陡的較接近90度」、「陡的衝力大」…等合乎科學家的科學概念，可見回答答案的內容愈見豐富。

(2)課本內容及相關概念的平行轉化。尤其在第二次訪談時，樣本學生會提到「我們課堂上有作過此實驗」，在訪談時樣本學生由於動手作了實驗，訪談時的問題雖不完全一樣，但能應用課堂上的概念，來回答訪談的問題，很明顯地發現出兩次訪談的差異，尤其在縱的分析中，例如：腳踏車由一陡一緩的山坡滑下來，樣本學生馬上回答課堂上有作過此實驗，腳踏車分別從一陡一緩兩山坡上滑下來，從陡的山坡滑下來速度快，一胖、一瘦的小朋友去擋滑下來的車子，胖的就容易擋住。第二次訪談的樣本學生也會提及課堂上有作過類似的實驗，樣本學生會將課堂上的概念平行轉化到第二次訪談的答題上，基本上第二次訪談時的答題所出現的概念較第一次訪談的答題所出現的概念較合乎科學家的科學概念。

(3)先前概念、另有架構的問題，樣本學生多次提到的原因是受地心引力影響，由於樣本學生在五年級下學期學校教過「力與運動」

之單元，曾經提及地心引力是超距力的概念，有些樣本學生就套上此概念，但在此單元地心引力在斜面角度不同時才會有地心引力在斜面方向之分力不同的問題，此乃構成了部分樣本學生之先前概念。在另有架構方面，距斜面底端五公尺及三公尺在同斜角的斜面上滑下時，到斜坡底端之快慢問題，有些樣本學生會認為從五公尺山坡上滑下來時，撞到的紙箱，會將紙箱撞得較遠，其所持的理由是相當於人賽跑時，助跑愈長就會將其撞得愈遠，是屬於另有架構。

(4)迷思概念：在父親與樣本學生從滑水道滑下來時，為何父親濺起的水花多的問題，其答案乃是父親體積及質量較大之緣故，但有許多樣本學生卻僅答父親之體積大是水花濺起較多的原因，此即為迷思概念。

(5)作者發現第二次訪談時有迷思概念的百分比，比第一次有迷思概念的百分比有下降的趨勢。例如：你從山坡上要騎車下來，你覺得平的（山坡）和比較陡的（山坡），在滑行距離一樣的情況下，哪個比較快？第一次訪談有50%樣本學生人次有各型之迷思概念，第二次訪談僅有7.1%樣本學生人次有各型之迷思概念。又如：當你和你爸爸由相同的滑水道滑下時，所濺起的水花有何不同？第一次訪談時有42.9%的樣本學生人次有各型之迷思概念，第二次訪談時有28.6%樣本學生人次有各型之迷思概念。一胖一瘦的同學去擋車子，誰較能擋得住？第一次訪談時累計有71.4%樣本學生人次有各型之迷思概念，而第二次訪談時已下降至14.2%樣本學生人次有各型之迷思概念。

(6)第一次訪談時有迷思概念頻率最高者的六位樣本學生中，其學校

所在的地區為郊區或城鎮者佔五位，又實際年齡到12歲者佔二位，可能文化刺激較少，其產生迷思概念的機會也較多，依Ptaget的心智發展，11-12歲是由具體操作期進入運思操作期，在有些必須運用推理的問題上，樣本學生迷思概念的產生，可能就是缺乏具體操作使然，佐以第二次訪談發現的迷思概念發生頻率，由第一次的34人次降至8人次可以得到證實。

有些迷思概念並不會隨著學生學習此單元且作過實驗而消失，就像上述(4)僅父親體積較大是父親濺起水花較多的原因，有六位樣本學生在第一次訪談時已有迷思概念，但在第二次訪談時仍有四位學生有此迷思概念。如何來幫忙有迷思概念之學生矯正迷思概念，恐怕非單純的上課所能解決，應研究一些教學策略來矯正學生之迷思概念，本作者擬再提後續之研究，以期作一更有系統之研究，建立我國國小學生之概念發展模式，並輔導患有迷思概念的學生矯正其迷思概念並幫助自然科之學習，這是此概念發展教學對目前國小自然科教學具啟發及參考的價值。

肆

國小自然科有關物理單元教材教法之展望及本研究之限制

一、教材方面

二、教法方面

三、本研究之應用與限制

四、研究的展望

一、教材方面

　　教法固然重要，它就好像教演員如何把戲演好一樣，教材即劇本，內涵當然重要的，我們一定要正確的選擇並配合時代的需求。

　　國小自然科是學童較早接觸到的科學科目，此科目的教學也深深影響國家未來科學發展。作者從事與國小自然科有關的研究數十年，在國科會科教處補助研究下，始終如一，未曾間斷，值得一提的有國小高年級自然科學力學單元中「四輪車與小山坡」單元概念發展之研究（Ⅰ）、電學的電腦軟體在國小自然科學習成就之評估，國科會成果報告NSC-82-011-S133-008、國小學生在電學電磁單元中迷思概念之研究，國科會成果報告NSC-83-011-S-133-005N、國小力學單元迷思概念之研究（Ⅱ）、小學教師自然科學教學之基本能力分析之研究（Ⅰ）……等等。作者並參與由教育部主導而在國立台灣師大簡校長領導下進行的國民教育階段學生基本學習成就評量研究，對於教材分析及教法研究頗有心得。諸如：以科學概念、科學本質、思考習慣、態度、科學過程、科學應用來分析教材，又以合作學習應用概念圖教學、建構主義教學、迷思概念挖掘教學、概念發展教學等等。在即將進入二十一世紀之際，國小自然科涵蓋的單元勢必更多元化，目前我國的國小自然科教師還有相當大的教材補充空間，諸如：在物理單元方面，可以將日、月蝕、流星雨、彗星等天文現象與現行的教材結合，進行田野（戶外）教學，這方向雖然有的國小老師在做，但缺少完整又安全的指導手冊。

　　自然科中物理單元以知識領域來分涵蓋了：聲學、力學、熱學、大氣物理、物性學、流體力學、電磁學、天文學等，隨著二十一世紀

的到來，由於環保意識及人文與科技素養的提升，科際的整合必然要在這些方面增加一些單元，例如：核能及核廢料處理、太空科學、資訊與通訊、海洋生態、科學—技學—社會等相關之教材。例如地球上的問題—人口成長（Population Growth）空氣品質（Air Quality）、水資源（Water Resources）、世界饑餓與食物資源（World Hunger And Food Resources）、戰爭技術（War Technology)，能源短缺（Energy Shortages）、土地使用（Land Use）、人類健康與疾病（Human Health And Disease）、有毒物質（Hazardous Substances）、植物動物之絕種（Extinction Of Plants And Animals）、核反應爐（Nuclear Reactors）、礦物資源（Mineral Resources）等等。這些單元融入教材是我們應考慮的，至於採用那一種教學法來教，見仁見智，值得我們去嘗試的。

新的教科書已出版到四年級下學期，雖未全部完成，但看得出來教材編寫已朝此方向進行。

二、教法方面

一個教師雖飽讀詩書，滿腹經綸，要是師不善教，則只能獨善其身，卻不能兼善天下，教法之重要不言而喻。

自然科教學方法有合作學習教學法、應用概念圖教學法、建構主義教學法、迷思概念發掘教學法、概念發展教學法、發現式教學法、田野（戶外）教學法等等，孟子在告子篇有云：「教亦多術矣。」（孟子），足以說明要適合有個別差異的教學法不能只靠單一種教學

法，單一教學法在多元的社會也很難將自然科的單元目標逐一達成，教師宜依據專家學者的研究結果，參酌受教學生心智發展的個別差異，以及學生先前概念、施教單元類別等等，選擇最適合之一種或多種教學方法進行教學。

作者雖在教學法方面提供了好幾種的研究成果，但總有遺珠之憾。倘若施教者能舉一反三，靈活運用，則是所至幸。

三、本研究之應用與限制

本著作是作者數十年來專注於國小自然科教學研究之結果。目前合作學習教學及應用概念圖教學均非常熱門，作者將這兩種教學法應用於自然科的物理單元的教學，來作實證性的教學研究，初步看得出此兩種教學方法是開闢國小教師選擇教學方法的另一扇門。在合作學習教學方面，作者的研究結果發現可以增加學生的社會互動，也發現在科學素養中「科學應用」能力較傳統教學法優且達統計之顯著水準（$P<0.05$）；另一方面應用概念圖教學在學生概念之釐清、概念的建立、學生與教師互動上均產生良好效果，應用概念圖教學的實驗組在學業成就上，優於傳統教學的控制組，且達統計上之顯著水準（$P<0.05$）。作者所列舉之五種教學法，由於樣本均取自北市或北縣且單元均限制在物理單元，因此是否能推論至偏遠地區之學校，有待進一步之研究驗證。未來若能將範圍擴及到台灣各地區，其成果將會更有意義及價值。

四、研究的展望

九年一貫課程對國小自然科教材、教法的影響

行政院及教育部為了回應民間教改團體對課程的改革，提出九年一貫課程的改革，依行政院公佈的課程綱要，課程分成七大學習領域：語文學習、健康與體育、社會、藝術、數學、自然與生活科技、綜合活動。國小一年級從九十年度施行，而國中一年級預計從九十一學年度開始實施，其中變動部份就是名稱由以前的自然改為自然與生活科技。此次課程改革的精神是「強調課程是發展出來的，而不是一時創造出來的」，故第一階段的課程暫行綱要先公佈一、二、三等三個年級的部份，等八十九年九月開學後，由兩百所學校試辦、修正後，於九十學年度國小一年級全面實施。

自然科新課程和現行課程主要差異在於(一)名稱由自然改成自然與生活科技，(二)各領域（當然含自然與生活科技）各保留10%到20%授課時數給學校彈性運用，彈性時數內可自行規劃。

不管課程如何變化、如何發展，若作者以上所研究出來的幾種教學法像是合作學習、建構主義、概念圖等等如能充分了解，加以靈活運用，則再艱難、再乏味的課程，也能將其趣味化而將學生培養出正確的科學態度去學習了。

所以本研究對未來九年一貫課程仍有正面的參考價值。

參考文獻

中文部份

毛松霖（民78）八十年代國小自然科學課程改進之構想。台灣省教育廳國民學校教師研習會出版。

毛松霖（民86）國小自然科課程的回顧與展望。趙教授金祁榮退學術研討會論文集：我國科學教育的回顧與前瞻。台北：國立台灣師範大學科學教育研究所。

王澄霞、謝昭賢（民85）以提問及畫認知圖促進STS學習：酸雨。中華民國第十二屆科學教育學術研討會會議手冊，頁36。

江新合（民81）建構主義式教學策略在國小自然科教學的應用模式。國立屏東師院主辦，國小自然科教育學術研討會。

全中平（民81）我國國小五年級學生對運動概念之分析及研究。行政院國科會專題計畫成果報告，NSC81-0111-S-152-502N，頁16-36。

全中平（民81）國立台北師範學院非數理系學生對概念圖學習態度之研究。國立台北師範學院學報，5期，頁299-318。

李田英（民78）師專與師院不同科學背景學生之認知成長、科學過程技能與科學態度之比較。中華民國第五屆科學教育學術研討會論文彙編。

吳振賢（民85）建構主義之哲學觀點與啟示。教育研究雙月刊。

李虎雄、黃長司（民國84）美國馬里蘭州學校實作評量工具在臺灣施測的可行性。科學教育179：41-49。

孟子（西元前372～289）告子篇，孟子。大鴻圖書有限公司P.286。

林清江（民72）比較教育。台北市：五南圖書出版公司。

洪木利（民82）我國學生質量及加速度概念發展與變項關係之研究（Ⅰ），國科會成果討論會。

姜滿（民81）中華民國兒童對地球系統現象的瞭解。俄亥俄州立大學博士論文。

除順益（民80）應用相關、分析與一般化三段迴旋學習法改進國中力學概念教學的研究，教育部計劃編號：15（80會計年度）。

教育部（民82）。國民小學課程標準。教育部。台北，台灣。

教育部（民87）。九年一貫課程總綱。教育部。台北，台灣。

張惠博（民84）職前教師學習科學教學的情境與其學科教學知識發展之研究，中華民國第十一屆科教年會。

許榮富（民74）科學過程技能與科學態度及創造思考例相關係數分析研究。

國立編譯館（民84）自然科學第十冊教學指引。P.43～44。

郭重吉（民77）我國學生科學過程技能學習成就水準之研究一科學概念在資料處理、解釋和形成假設的應用（第一年）。中華民國第三屆科學教育學術研討會。

郭重吉（民78）利用晤談方式探查國中學生對重要物理概念的另有架構之研究(Ⅰ)。申華民國第五屆科學教育學術研討會論文彙編。

郭重吉（民81）從建構主義的觀點探討中小學數理教學的改進。科學發展月刊，20卷5期，頁548-570。

陳忠志（民76）大學生物理學錯誤概念的研究：電學錯誤概念。國科會成果討論會。

陳義勳（1992）師範院校物理系、數理系應用電腦於普物電磁學之研究，台北市立師範學院學報第二十三期，民81年6月。

陳義勳（1994）國小學生在電學磁學單元中迷思概念之研究。國科會成果報告NSC-83-0111-133-005N。

陳義勳（1994）電學的電腦軟體在國小自然科學習成就之評估。國科會成果報告NSC-82-0111-S-133-008。

陳義勳（1995）國小高年級學生自然科學中力學單元迷思概念之探討，國科會成果報告NSC-84-2511-S-133-001-N。

陳義勳（民82）國小四年級學生迷思概念之研究。台北市：五南圖書

出版公司。

陳義勳（民83）國小高年級自然科學力學單元中「四輪車與小山坡」單元概念發展之研究。台北市立師範學院學報，25期。

陳義勳（民84）合作學習在國民小學自然科學中學習效應之研究。台北市：五南圖書出版公司。

陳瓊森（民84）在職理化教師的成長：合作學習方案，中華民國第十一屆科學教育學術研討會，行政院國科會。

黃台珠（民83）八十三年度《概念圖在國中生物教學上的成效研究（Ⅰ）》。行政院國家科學委員會科學教育專題研究成果報告，國立高雄師範大學科學教育研究所。

黃台珠（民84）八十四年度《概念圖在國中生物教學上的成效研究（Ⅱ）》。行政院國家科學委員會科學教育專題研究成果報告，國立高雄師範大學科學教育研究所。

黃湘武、黃寶鈿（民78）學生之比熱及熱平衡概念發展的研究。中華民國第五屆科學教育學術研討會論文彙編。

黃湘武（民82）學生科學概念與推理能力發展之相關研究，國科會成果討論會。

黃萬居（民85）國小師生對酸鹼概念認知之研究。台北：文景。

黃慧琳、黃台珠（民84）學習環在國小自然科教學之研究。中華民國第十一屆科學教育學術研討會。

詹志禹（民85）認識與知識：建構論VS接受觀。教育研究雙月刊。

楊榮祥（民74）生物科教學模式研究。高立圖書公司。

趙金祁（民82）科學理念衝擊下科學教育再出發芻議，科學教育月刊第158期。

熊召弟（民83）小學自然科教學研究。師大書苑，台灣，台北。

簡茂發（民67）信度與效度。載於楊國樞主編：社會及行為科學研究法（上冊），頁323-351。台北市：東華。

簡茂發（民82）教學歷程與策略。載於台北市教師研習中心編印：尖端教學法，頁1-11。

簡茂發等（民83a）教育部八十三年國民教育階段學生基本學習成就評量研究，研究報告。

簡茂發等（民83b）MSPAP評量工具中文版三套九冊：指導手冊（5A, 5B, 5C）、資料本（5A, 5B, 5C）、作答本（5A, 5B, 5C）。

鍾聖校（民84）國小自然科課程教學研究。五南圖書出版公司。

英文部份

Abayomi, B. 1. (1988). The effects of concept mapping and cognitive style on science achievement. Dissertation Abstracts International, 49 (6), ED 1420A. (University Microfilms No. DA8814330)

Alexopoulou, E. & Driver, R. (1996). Small-group discussion in physics: Peer interaction modes in pairs and fours. *Journal of Research in Science Teaching*. 33 (10), 1099-1114.

American Association for the Advancement of Science (AAAS) (1993). Benchmarks for Science Literacy. New York: Oxford University Press.

Appleton, K. (1989). A learning model for science education. Research in Science Education, 19, 13-24.

Appleton, K. (1997). Analysis and Description of Students' Learning during Science Classes Using a Constructivist-Based Mode. *Journal of Research in science teaching*. 34 (3), 303-313.

Aronson, E. et. al. (1978). The Jigsaw classroom. Beverly Hill, CA: Sage Publications.

Ausubel, D. P. (1963). The psychology of meaningful verbal learning. New York: Grune & Stratton.

Ausubel, D. P. (1968). Educational psychology: A cognitive view. New York: Holt, Rinehart and Winston Inc.

Ausubel, D. P., Novak, J. D. & Hanesian, H. (1978). Educational psychology: A cognitive view (2nd Ed.). New York: Holt, Rinehart and

Winston Inc.

Barenholz, H. & Tamir, P. (1992). A comprehensive use of concept mapping in design instruction. Research in Science and Technological Education and Assessment.

Basili, P. A. & Sanford, J. P. (1991). Conceptual change strategies and Cooperative group work in chemistry. *Journal of Research in Science Teaching.* 28 (4), 293-304.

Beyerback, B. A. & Smith, J. M. (1990). Using a computerized concept mapping program to assess preservice teachers' thinking about effective teaching. *Journal of Research in Science Teaching.* 27 (10), 961-971.

Blosser, P. E. (1993). Using Cooperative learning in Science education. ED 351207.

Bodolus, J. E. (1986). The use of a concept mapping strategy to facilitate meaningful learning for grade students in science. Dissertation Abstracts International, 47 (9), ED3387A. (University Microfilms No. DA862730)

Briscoe, C. & LaMaster, S. U. (1991). Meaning learning in college biology through concept mapping. *The American Biology Teachers.* 54 (4)

Brown, D., & Clement, J. (1989). Overcoming Misconceptions Via analogical reasoning: Abstract transfer versus explanatory model construction. Instructional Science, 18, 237-261.

Brown, D. E. (1992). Using examples and analogies to remediate misconceptions in physics: Jactors injluencing conceptual change Journal of Research in Science Teaching. 29 (1), 17-34.

Campbell, D. T. & Stanley, J. C. (1963). Experimental and Quasi-Experimental Designs for Research, Houghton Mifflin Company, Boston, U. S. A.

Carol, B. & LaMaster, S. U. (1991). Meaningful learning in college biology through concept mapping. *The American Biology Teacher.* 53 (4) pp.214-219.

Cavallo, A. M. L. & Schafer, L. E. (1994). Relationships between students' meaningful learning orientation and their understanding of genetics topics. Journal of Research in Science Teaching. 31 (4) 393-418.

Champagne, A. B., Klopfer, L. E., & Anderson, J. H. (1980). Factors influencing the learning of classical mechanics. American Journal of Physics. 50, 1074-1079.

Chang, H, P. & Lederman, N. G. (1994). The effect of levels of cooperation within physical science Laboratory groups on physical science. achievement. Journal of Research in science Teaching. 31 (2), 167-181.

Chang, H. (1994). The Effect of Levels of Cooperation within Physical Science Laboratory Groups on Physical Science Achievement. Journal of research in science teaching. 31 (2), 167-181.

Chen, I-shin (1991). Use of microcomputer in physics course in normal universities and teachers' colleges in Taiwan. R. O. C. Dissertation of ph. D., Ohio State University, U. S. A.

Chen, I-shin (1993). Study of conceptual development using "the fourwheel cart and the little hill" unit from the Taiwanese elementary school natural science reader. The Proceedings of the Third International Seminar on Misconceptions and Educational Strategies in Science and Mathematics, Ithaca, NY. Cornell University.

Chen, I-shin (1997). Teaching abilities of Taiwan elementary school teachers on natural science. Proceeding of National Association for Research in Science Teaching.

Clement, J. (1982). Students' preconceptions in introductory mechanics. American Journal of Physics, 50, 66-71.

Clerment, C. P., Borko, H. & Krajcik, J. S. (1994). Comparative Study of the Pedagogical Content Knowledge of Experienced and Novice Chemical Demonstrators. Journal of Research in Science Teaching. 31 (4), 419-441.

Cliburn, J. W. (1990). Concept maps to promote meaningful learning. *Journal of College Science Teaching.* 19 (4), 212-217.

Cooper, J. & Prescott, S. (1989, March). Cooperative learning: kids helping kinds, teachers helping teachers. Materials Packet for Higher Education Component of AACTE Symposium. (ERIC Document Reproduction Service No, ED 310067)

Cullen, J. (1990). Using concept maps in chemistry: An alternative. *Journal of Research in Science Teaching.* 27 (10) pp.1067-1068.

Dagher, Z. R. (1995). Analysis of Analogies Used by Science Teachers. *Journal of Research in Science Teaching.* 32 (3), 259-270.

Demastes, S. S., Good, R. G. & Peebles, P. (1996). Patterns of conceptual change in evolution. *Journal of Research in Science Teaching.* 33 (4), 407-431.

Edmondson, K. M. (1995). Concept mapping for the development of medical curricula. *Journal of Research in Science Teaching.* 32 (7), 777-793.

Escalada, L. T. & Zollman, D. A. (1997). An investigation on the effects of using interactive digital video in a physics classroom on student learning and attitudes. *Journal of Research in Science Teaching.* 34 (5), 467-489.

Esiobu, G. O. & Soyibo, K. (1995). Effects of concept and Vee mapping under three learning modes on students' cognitive in ecology and genetics. *Journal of Research in Science Teaching.* 32 (9), 971-995.

Geer, C. H. (1993) The effects of cooperative learning on different ability level students' perceptions of the middle school classroom environment. ED 362318.

Ginns, I. S. & Walters, J. I. (1995). An analysis of Science understandings of preservice elementary teacher education Students. *Journal of Research in Science Teaching.* 32 (2), 205-222.

Halloun, I. A., & Hestenes, K. (1985). The initial knowledge state of college physics students. American Journal oj Physics, 53, 1043-1055.

Heinze-Fry, J. A. (1987). Evaluation of concept mapping as a tool for meaningful education of college biology students. *Dissertation Abstracts International*. 48 (1), ED 95A. (University Microfilms No. DA8708898)

Heinze-Fry, J. A., Crovello, T. J., Novak, J. D. (1984). Integration of Ausubelian learning theory and educational computing. *The American Biology Teacher*. 46 (3), 152-156.

Herron (1977). Problems associated with concept analysis. *Science Education*. 61 (2), 185-199.

Houtz, L. E. (1995). Instructional strategy changes and the attitude and achievement of seventh-and eighth-grade science students. *Journal of Research in Science Teaching*. 32 (6), 629-648.

Howe, C. J., Rodgers, C. & Tolmie, A. (1990). Physics in the primary school: Peer interaction and the understanding of floating. *European Journal of Psychology of Education*. 5, 59-76.

Jegede, O. J. (1990). The effect of concept mapping on students' anxiety and achievement in biology. *Jurnal of Research in Science Teaching*. 27 (10), 951-960.

Johnson, R. T. & Johnson, D. W. (1987a). Cooperative learning and the achievement and socialization crises in science and mathematics classrooms. In Champagne and Homing (Eds.), Students and science learning (pp.67-93.)

Jones, G. (1990). *Cognitive conflict and cooperative learning*. Paper presented at the annual meeting of the National Association for Research in Science Teaching. (ERIC Document Reproduction Service No. ED 319598)

Kuhn, T. S. (1962). The structure of scientific revolutions. The University of Chicago Press, Chicago, U. S. A.

Langley, D., Ronen, M., & Eylon, B. (1997). Light propagation and visual patterns: preinstruction learners' conceptions. *Journal of Research in Science Teaching.* 34 (4). 399-424.

Lawson, A. E. (1988). The acquisition of biological knowledge during childhood: Cognitive conflict or tabular Rasa? *Journal of Research in Science Teaching.* 25 (3), 185-199

Lazarowitz, R., Hertz-Lazarowitz, Rachel & Baird, J. H. (1994). Learning Science in a cooperative setting: Academic Achievement and Affective outcomes. Journal of Research in Science Teaching. 31 (10), 1121-1131.

Lumpe, A. T. & Staver, J. R. (1995). Peer collaboration, and concept development: learning about photosynthesis. *Journal of Research in Science Teaching.* 32 (1), 71-98.

Lundgren, L. (1994). Cooperative learning in the science classroom. ED 370777.

Lyman, L. & Foyle, H. C. (1988). Cooperative learning strategies and children. (ERIC Document Reproduction Service No. ED 306003)

Manson, C. L. (1992). Concept mapping: A tool to develop reflective science instruction. *Science Education.* 76 (1), 51-63.

Markham, K. M., Mintzes, J. J. & Jones, M. G. (1994). The concept map as a research and evaluation tool: Further evidence of validity. *Journal of Research in Science Teaching.* 31 (1), 91-101.

Matthews, M. R. (1998). Constructivism in Science Education. Liuwer Academic Publishers, Boston, U. S. A.

McCloskey, M. (1983). Intuitive physics. Scientific American. 248, 122-130.

MSPAP (1993) Scoring Interpretation Guide of the 1993 Maryland School Performance Assessment Program.

National Research Council (1996). National Science Education Standards. National Academy Press: Washington, D. C.

Needhaa, R. (1987). Teaching strategies for developing understanding in science: Children learning in science project. Centre for Studies in Science and Mathematics Education, University of Leeds, Leeds, UK.

Niaz, M. (1995). Cognitive conflict as a teaching strategy in solving chemistry problems: A dialectic-constructivist perspective. *Journal of Research in Science Teaching.* 32 (9), 959-970.

Novak, J. D. & Gowin, D. B. (1984). Learning how to learn. Cambridge, London: Cambridge University Press.

Novak, J. D. & Helm, H. (1983). Misconceptions in science and mathematics. Proceedings of the International Seminar, Cornell University, Ithaca. New York, U. S. A.

Novak, J. D. & Musonda, D. (1991). A twelve-year longitudinal study of science concept learning. *American Educational Research Journal. 28*, 117-153.

Novak, J. D. (1979). Applying psychology and philosophy to the improvement of laboratory teaching. The American Biology Teacher. 41, 466-470.

Novak, J. D. (1980). Learning theory applied to the biology classroom. *The American Biology Teacher.* 42, 280-285.

Novak, J. D. (1981). Applying learning psychology and philosophy of science to biology teaching. *The American Biology Teacher. 43*, 12-20.

Novak, J. D. (1990a). Concept maps and vee diagrams: Two metacognitive tools to facilitate meaningful learning. *Instructional Science. 19*, 29-52.

Novak, J. D. (1990b). Concept mapping: A useful tool for science education. *Journal of Research in Science Teaching.* 27, 937-949.

Novak, J. D. (1991). Clarify with concept maps. *The Science Teacher. 58*, 45-49.

Novak, J. D. (1993). Human constructivism: A unification of psychological and epistemological phenomena in meaningful making. *International Journal of Personal Construct Psychology. 6*, 167-193.

Novak, J. D. & Gowin, D. B. (1985). Learning how to learn. Cambridge University, NY, U. S. A.

Novak, J. D., Gowin, D. B. & Johansen, G. D. (1983). The use of concept mapping and knowledge vee mapping with junior high school science students. *Science Education.* 67, 625-645.

Nussbaum, J. (1989). Classroom conceptual change: Philosophical perspectives. *International Journal of Science Education.* *11*, 530-540.

Pankratius, W. J. (1990). Building an organized knowledge base: Concept mapping and achievement in secondary school physics. *Journal of Research in Science Teaching.* 27 (4), 315-333.

Piaget, J. (1963.) .*The origins of intelligence in children.* New York: W. W. Norton.

Piaget, J. (1964). Judgment and reasoning in the child. Paterson, N. J.: Littlefield Adams.

Piaget, J. (1970). The child's conception of mivement and speed. Routledge and Kegan Paul: Londo.

Roth, W. & Roychoudhury, A. (1993). The concept map as a tool for the collaborative construction of knowledge: A microanalysis of high school physics students. *Journal of Research in Science Teaching.* 30 (5), 503-534

Roth, W. (1994). Experimenting in a constructivist high school physics laboratory. *Journal of Research in Science Teaching.* 31 (2), 197-223.

Roth, W. M. (1994). Student views of collaborative concept mapping: An emandpatory research project. *Science Education.* 78 (1), 1-34.

Ruiz-Primo, M. A. & Shavelson, R. T. (1990). Problems and Issues in the use of concept maps in science assessment. *Journal of Research in Science Teaching.* 33 (6), 569-600.

Sanger, M. J. & Greenbowe, T. J. (1997). Common student misconceptions in Electrochemistry: Galvanic, Electrolytic, and concentration cells. *Journal of Research in Science Teaching.* 34 (4), 377-398.

Scott, B. W. (1982). An application of Ausubel' slearning theory to environment education: A study of concept mapping in a college natural resource management course. Ph. D. Dissertation, Ohio State University.

Seaman, T. (1990). On the high road to achievement: Cooperation concept mapping. Virginia U. S. (ERIC No. ED335140)

Shepardson, D. P., Moje, E. B. & Kennard-McClelland, A. M.(1994). The impact of a science demonstration on children's understandings of air pressure. *Journal of Research in Science Teaching*. 31 (3), 243-258.

Shepherd, G. D. & Regan, W. B. (1982). Modern elementary curriculum, six ed., New York Hold, Rinenary and Winston, 335-344.

Sherman, L. W. (1991). Cooperative learning in post secondary education: Implications from social psychology for active learning experiences. ED 330262.

Shymansky, J. A., Woodworth, G., Norman, O., Dunkhase, J., Matthews, C., & Liu, C. T. (1993). A study of changes in middle school teachers' understanding of selected ideas in science as a function of an inservice program focusing on student preconceptions, *Journal of Research in Science Teaching*, 30, 737-755.

Sjoberg, S., & Lie, S. (1981). Ideas about force and movement among Norwegian pupils and students (Tech. Rep. No. 81-11). Oslo, Norway: University of Oslo.

Sparapani, E. F. and others (1994). Cooperative learning: What teachers know about it and when they use it ED 367605.

Spaulding, D. T. (1989). Concept mapping and achievenacnt in high school biology and chemistry. Unpublished Doctoral Dissertation, Florida Institute of Technology, Melbourne, FL.

Stallings, J. A. & Stipek, D. (1986). *Research on early childhood and elementary school teaching programs*. Handbook of Research on Teaching Third Edition.

Starr, M. L. & Krajcik, J. S. (1990). Concept maps as a heuristic for science curriculum development: Toward improvement in process and product.

Stofflett, R. T. & Stoddart, T. (1994). The ability to understand and use conceptual change pedagogy as a function of prior content learning experience. *Journal of Research in Science Teaching.* 31 (1), 31-51.

Tamir P. (1988). The relationship between cognitive preferences, student background and achievement in science. *Journal of Research in Science Teaching.* 25 (3), 201-216.

Temiyakarn, C. & Hooper, S. (1993). The effects of cooperative learning and learner control on high and low achievers. ED 362208.

Tobin, K. (1999). Constructivism in science education: Moving on...National Taipei Teacher's College, National Science Council.

Tobin, K. (1999). Education science teachers for the sociocutural diversity of urban schools, 1999 NARST Annual Meeting, Boston, MA, U. S. A.

Viennot, L. (1979). Spontaneous reasoning in elementary dynamics. European Journal of Science Education, 1, 205-221.

Von Glasersfeld, E. (1989). An expostition of constnictivism: Why some like it radical. ED 309935.

Von Glasersfeld, E. (1995). Radical constructivism: A way of knowing and learning. London: Falmer Press.

Wallace, J. D. (1990). The concept map as a research tool: Exploring conceptual change in biology. *Journal of Research in Science Teaching.* 27 (10), 1033-1052.

附　錄

附錄甲　前後測試題

附錄乙　學生的概念圖

附錄丙　國立編譯館最新版第一冊至第八冊
　　　　有關物理單元的部份

附錄丁　電學迷思概念發掘教學方案之前後
　　　　測分析（含題目）

附錄戊　力學概念發展教學方案之前後測分
　　　　析（含題目）

附錄甲　前後測試題

國小五年級力學測驗　力與運動　（前測）

(一)請指出下列情形中，物體所受到的力量有哪些？

請寫出代號：

①風力　②水的浮力　③人力　④磁鐵的吸力

⑤地心引力

(1)風箏受到哪些力？

答：＿＿＿＿＿＿＿＿＿＿＿＿

(2)水桶受到哪些力？

答：＿＿＿＿＿＿＿＿＿＿＿＿

(3)帆船受到哪些力？

答：＿＿＿＿＿＿＿＿＿＿＿＿

(4)鐵釘受到哪些力？

答：＿＿＿＿＿＿＿＿＿＿＿＿

(5)掉落山谷的石塊？

答：＿＿＿＿＿＿＿＿＿＿＿＿

(二)小明和朋友們一同外出郊遊，在山坡上發現一個大石頭，於是他
　　們合力將大石頭推下山坡，請問你，此時這個大石頭總共受到那
　　幾種力？

答：_____

(三)①如下圖，靜止在桌面上的木塊，有沒有受到力的作用？

　　_____

　　如果有，請寫出有那些力_____

　　②如下圖，抓在手上的木塊，有沒有受到力的作用？_____
　　　鬆手後，木塊有什麼現象發生？_____
　　　是因為受到什麼力的作用？_____

(四)下列各圖中的物體都受到了好幾個力的影響,請畫出各指定物體
所受最大之力的方向?

範例: (解答)

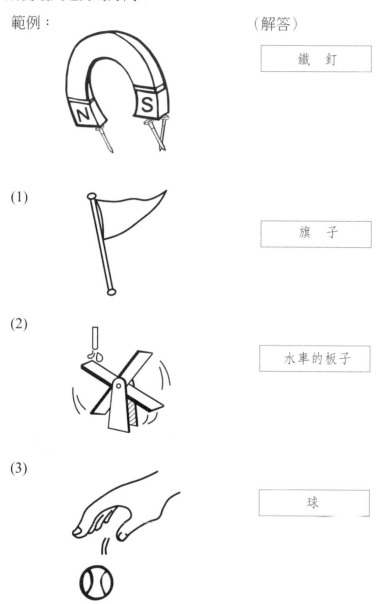

鐵　釘

(1)

旗　子

(2)

水車的板子

(3)

球

(五)有一天，小明在家附近玩鐵製的玩具車，一不小心玩具車由排水
　　溝蓋掉入乾淨的水溝內，小明用手無法從水溝蓋縫隙中拿到玩具
　　車，也無法搬動水溝蓋。聰明的你（妳），想想看有什麼辦法，
　　讓小明利用工具自行取得玩具車。（如圖）

　　辦法：_____

　　　　　_____

　　　　　_____

　　　　　_____

(六)下圖為一小朋友在投球的情形，我們可以從哪些現象得知球有受
　　到力的作用？

　　答：_____

　　　　_____

(七)下面四個力圖,哪個是靜止的狀態?

(甲)

(乙)

(丙)

(丁)

請寫出代號＿＿＿＿＿＿＿＿＿＿＿＿＿＿

(八)按照下圖拉動小車子,剛放手時,小車子受到什麼力的作用。

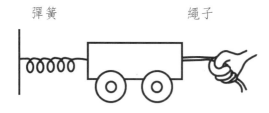

彈簧　　　　　　　　繩子

答:＿＿＿＿＿＿＿＿＿＿＿＿＿＿＿＿＿＿＿＿＿＿＿

＿＿＿＿＿＿＿＿＿＿＿＿＿＿＿＿＿＿＿＿＿＿＿

(九)下圖同樣的玩具車放在同一桌面上,受到左右兩方大小相同的力
的作用,力的方向如圖哪一輛跑得最快?

(甲)

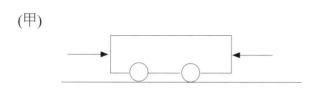

(乙)

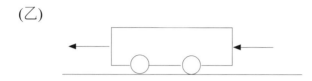

(丙)

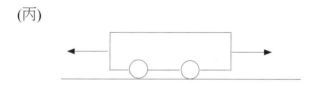

答：_____

(十)下列各現象，哪一個可以看出物體沒有受到外力的作用？

　　(甲)一輛汽車緊急煞車所受之力

　　(乙)皮球從牆上彈回來所受之力

　　(丙)在太空中作等速運動的隕石，其所受之淨力

　　(丁)凹陷的乒乓球放在熱水中會回復原狀所受的力

答：_____

(十一)有一天媽媽開車載大明郊遊，半路上忽然爆胎，媽媽只好自己

　　　更換輪胎……

(1)下列有三種卸螺絲的工具，媽媽要用哪一種工具會最省力？

答：

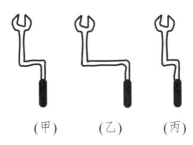

(甲)　　　(乙)　　　(丙)

(2)這種工具是利用什麼原理製成的？

答：_____。

(3)如果媽媽的力量還不能轉動螺絲，那麼這種工具的哪一段要加長？（請以代號作答）

答：_____。

(十二)有六顆重量相同的壘球，現要將壘球分別放在籃子內，如下圖。

(1)請問甲、乙兩籃分別要放幾個壘球，才能在將桌子移走後仍然保持平衡（相同高度）？

甲籃：_____個。　乙籃：_____個。

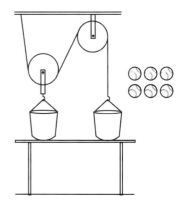

(2)當甲、乙兩籃平衡靜止時，底部距離地面100公分，若用力將乙籃壓到地面時，請問此時甲籃底部離地面幾公分？

答：＿＿＿＿＿＿＿＿＿＿＿＿公分。

(十三)曉明利用下列裝置提舉重物

(甲)定滑輪　　(乙)輪軸　　(丙)動滑輪　　(丁)滑輪組

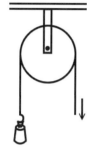 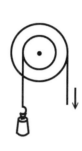 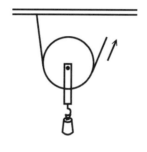 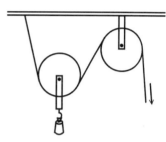

(1)可以省力，但是不能改變力的方向是什麼裝置？

答：＿＿＿＿＿＿＿＿＿（寫代號即可）

(2)可以改變力的方向，但是不能省力是什麼裝置？

答：＿＿＿＿＿＿＿＿＿（寫代號即可）

(3)可以省力，也能改變力的方向是什麼裝置？

答：＿＿＿＿＿＿＿＿＿（寫代號即可）

(十四)有一部腳踏車，以下哪一種齒輪的搭配才是最省力的？

(1)

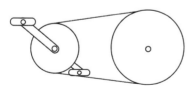

(2)

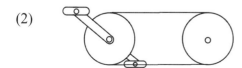

(3)

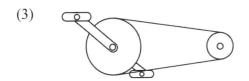

答：_____（寫代號即可）

(十五)大地震時，有許多人被倒塌的建築物活埋，今現場有足夠的馬
　　　力且轉速固定的馬達，為了能迅速吊起倒塌的建築物來救人，
　　　你認為下圖哪一個裝置最好？

(1)　　　　　　　　　　　　　　　(2)

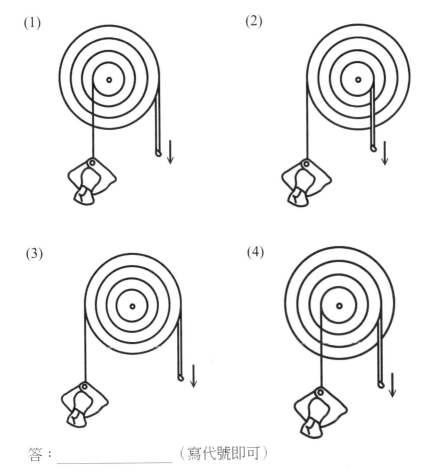

(3)　　　　　　　　　　　　　　　(4)

答：_____（寫代號即可）

(十六)下列物品中，請問哪些物品是應用輪軸原理製作而成的？

1.汽車的方向盤　　　2.螺絲起子　　　3.門把

4.指甲剪　　　　　　5.夾子　　　　　6.開瓶器

7.扳手

答：_____

(十七)日常生活中有許多機會使用到剪刀，而剪刀的形狀也各有不同。

　　　下列有三種形狀不同的剪刀：

　　　以下有三種情形，要用哪一把剪刀最合適？

(1)布店老闆賣布時，用來快速剪裁布料要用哪一種剪刀最適合？ ___

　　_____

　　為什麼？_____。

　　_____。

(2)鐵匠在剪鐵片時，要用哪一種剪刀最適？_____。

　　為什麼？_____。

　　_____。

(3)媽媽幫弟弟做衣服時，要用哪一種剪刀最適合？_____。

　　為什麼？_____。

　　_____。

(十八)小華在用輪軸搬運物體時發現用甲、乙兩輪軸來搬運，施力與
物重的結果如下表：

單位：公斤重

物重		10	20	30	
施力	甲	5		7	
	乙		40		

(1)試成上表

(2)由上表可知甲輪軸大輪與小軸的比例為（　　　）：（　　　）

或＿＿＿＿＿＿，物體應該是掛在＿＿＿＿＿＿（甲或乙）。

乙輪軸大輪與小軸的比例為（　　）：（　　）或 $\dfrac{(\quad)}{(\quad)}$

物體應該是掛在＿＿＿＿＿＿＿。

(十九)秋天是豐收的季節，各種豆類都已經成熟了。農夫把綠豆筴放
在曬穀場曝曬，並用木棒來敲打豆筴，使豆筴破裂，讓綠豆被
放出，如圖：

請問木棒的哪一部份敲打豆筴，使豆筴破裂，效果最好，放出
的綠豆最多？

答：＿＿＿＿＿＿＿＿＿

為什麼？＿＿＿＿＿＿＿＿＿＿＿＿＿

＿＿＿＿＿＿＿＿＿＿＿＿＿

(二十)小華找了一支可變換把手角度的螺絲起子，要幫爸爸把螺絲釘
旋上木頭，請問角度放在什麼地方最省力呢？

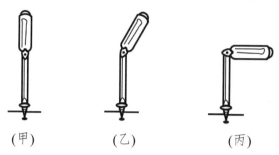

(甲)　　　　　(乙)　　　　　(丙)

答：＿＿＿＿＿＿＿＿＿＿＿＿＿

如果小華想用最快的時間將螺絲釘旋好，用哪一種情形最好呢？

答：＿＿＿＿＿＿＿＿＿＿＿＿＿

(廿一)小明在組合汽車模型時，發現車輪和駕駛盤都是應用輪軸轉
動，但應用方式不同，請你想想，有何不同？

車輪　　　　　　　　　　　　　方向盤

答：＿＿＿＿＿＿＿＿＿＿＿＿＿＿＿＿＿＿＿＿＿＿＿＿＿＿
＿＿＿＿＿＿＿＿＿＿＿＿＿＿＿＿＿＿＿＿＿＿＿＿＿＿＿＿＿
＿＿＿＿＿＿＿＿＿＿＿＿＿＿＿＿＿＿＿＿＿＿＿＿＿＿＿＿＿
＿＿＿＿＿＿＿＿＿＿＿＿＿＿＿＿＿＿＿＿＿＿＿＿＿＿＿＿＿

(廿二)小朱要搬100公斤重的東西上三樓，但是她最大使出的力量只
有30公斤重，她有一些工具可以用，請你幫她設計一下，利用
這些工具把東西搬上來。

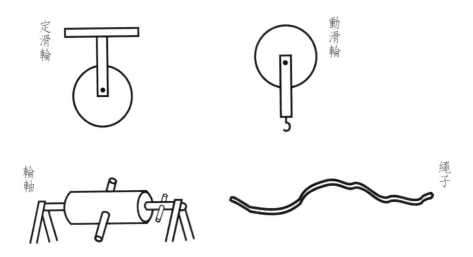

定滑輪　動滑輪　輪軸　繩子

(廿三)阿利最近買了一台鋼琴，可是他還遇到了一個大麻煩，就是阿
利家在三樓，而且樓梯、電梯太小了，無法讓鋼琴直接搬進
去，他知道用滑輪可以省力，且能改變方向，於是向爸爸要了
一個動滑輪，一個定滑輪和一條長的繩子來搬鋼琴，請問他應
該如何裝置這滑輪組，請畫出來。（人不能在三樓出力，因為
樓梯間太小）

(廿四)

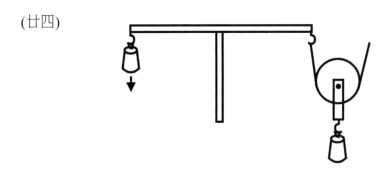

如果想使上面的裝置保持平衡，在槓桿左邊的地方應掛多少重的砝碼？才能使槓桿平衡？

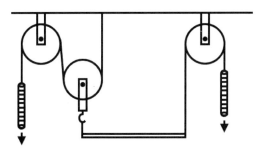

如上圖，如果想保持100公斤重鐵棒能平衡，請問在右邊的小明應施力多少去拉繩子？在左邊的阿利應施力多少去拉繩子？才能保持鐵棒的水平。

小明_____公斤重

阿利_____公斤重

(廿五) 小民在實驗室裡找到了一個輪軸，且找到了一份實驗紀錄，但是輪軸上的標籤掉了，只知道一個是甲輪，一個是乙輪，請你幫小明把標籤貼回去。

實驗記錄：

（每次實驗都能使輪軸保持平衡）

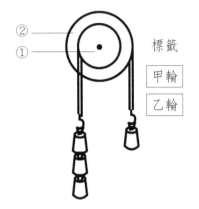

標籤

甲輪

乙輪

	甲輪所掛 砝碼數	乙輪所掛 砝碼數……
第一次	2	3
第二次	4	6
第三次	6	9
第四次	8	12

根據上面的實驗記錄回答下列的問題：

甲輪是＿＿＿＿＿＿＿＿＿（①輪或②輪）

乙輪是＿＿＿＿＿＿＿＿＿（①輪或②輪）

你的理由是：

＿＿＿＿＿＿＿＿＿＿＿＿＿＿＿＿＿＿＿＿＿＿＿＿

如果繼續做第五次實驗：在甲輪上放10砝碼，你可不可以預測出乙輪
上要掛幾個砝碼才能平衡？

答：＿＿＿＿＿＿＿＿＿＿＿＿

你的理由是：＿＿＿＿＿＿＿＿＿＿＿＿＿＿＿＿＿＿

(廿六)小明和小華是同班同學，一天小明帶了一支球棒到學校來，小
華握著細的那邊，小明握著粗的那邊，假設使力都一樣方便，
手握處都一樣條件，用相同大小的力同時往不同的方向轉，比
賽誰能轉動球棒誰就贏。

你覺得誰會贏？＿＿＿＿＿＿＿＿＿＿＿＿＿＿

為什麼？＿＿＿＿＿＿＿＿＿＿＿＿＿＿＿＿

＿＿＿＿＿＿＿＿＿＿＿＿＿＿＿＿＿＿＿＿＿＿

小明　　　　　　　　小華

(廿七)小明放學回家途中，突然發現一塊大石頭擋在路中央，他想天已黑了，如果不把石頭搬開，晚上一定有人會被撞傷，正在不知如何是好時，猛然想起「我可以去找一支木棍來」，木棍找到後，小明左推右推還是推不動，小朋友，你能幫忙小明以什麼東西將石塊搬開。

答：＿＿＿＿＿＿＿＿＿＿＿＿＿＿＿＿＿＿＿＿＿＿＿＿

＿＿＿＿＿＿＿＿＿＿＿＿＿＿＿＿＿＿＿＿＿＿＿＿

(廿八)小明在一支棍子上畫出了四等份，在每一等分的上下各有一個鉤子，中央以繩子吊起，另外還有一個1公斤重的砝碼，一個托盤。小明要用這個裝置來測量物體的重量。（棍子、鉤子、托盤的重量不計算）

甲　　　乙　　　丙　　　丁　　　戊
ㄅ　　　ㄆ　　　ㄇ　　　ㄈ　　　ㄉ

(1)小明要量一塊石頭的重量，情形如下圖，而且是在平衡狀態，請問這塊石頭的重量是多少？

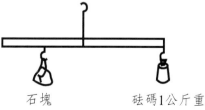

石塊　　　　　砝碼1公斤重

答：_____公斤重

(2)這個裝置能測量出的最大重量是多少？

答：_____公斤重

(廿九)小朱設計了一個用動滑輪和輪軸組成的裝置，如下圖（輪軸的
　　　大輪這20公分，小輪為10公分，動滑輪重4公斤重，輪軸重5公
　　　斤重）

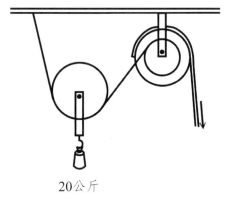

20公斤

(1)有關這個裝置，哪個是正確的？

　①可以省力

　②可以省時

　③沒有改變力的方向

答：_____

(2)假設物重為20公斤重，小朱要用多大的力氣才能拉上來？

答：_____公斤重

(3)如果要拉上3公尺高的二樓窗口，小朱要拉下多長的繩子？

答：_____公尺

(三十)

(1) 刻度由0到50公分的直尺，在尺的中央25公分處，以棉線吊起，兩個砝碼的重量一樣，小朋友，若要使兩砝碼放在左、右兩側的什麼刻度上會使直尺平衡（不計直尺的重量），寫出三組你認為可能平衡的情形：

0 5 10 15 20 25 30 35 40 45 50

左（公分）　　　　　　右（公分）

_____　　　_____

_____　　　_____

_____　　　_____

(2)

甲　　　　　　　乙

0　　　　　　25　　　　　　50

按上題，左右保持平衡，左右兩側刻度分別為甲、乙，則下列哪一種情形為甲、乙的關係？

①甲×乙=400　　②甲÷乙=4

③甲+乙=50　　④甲-乙=60

答：_____（只寫代號）

國小五年級力學測驗　力與運動　（後測）

(一)請指出下列情形中，物體所受到的力有哪些？

請寫出代號：

①風力　②水的浮力　③人力　④磁鐵的吸力　⑤地心引力

(1)國旗受到哪些力？

答：＿＿＿＿＿＿＿＿＿＿

(2)便當袋受到哪些力？

答：＿＿＿＿＿＿＿＿＿＿

(3)臉盆受到哪些力？

答：＿＿＿＿＿＿＿＿＿＿

(4)大頭針受到哪些力？

答：＿＿＿＿＿＿＿＿＿＿

(5)掉下的鉛筆受到哪些力？

答：＿＿＿＿＿＿＿＿＿＿

(二)小明和朋友們一同外出郊遊，在山坡上發現一個大輪胎，於是他
　　們合力將大輪胎推下山坡，請問你，此時這個大輪胎總共受到那
　　幾種力？

　答：_____

(三)①如下圖，靜止在桌面上的皮球，有沒有受到力的作用？

　答：_____

如果有，請寫出有那些力_____

　　②如下圖，抓在手上的皮球，有沒有受到力的作用？_____

　　鬆手後，皮球有什麼現象發生？_____

　　是因為受到什麼力的作用？_____

(四)下列各圖中的物體都受到了好幾個力的影響，請畫出各指定物體
　　所受最大之力的方向？

範例：　　　　　　　　　　　　　　　　（解答）

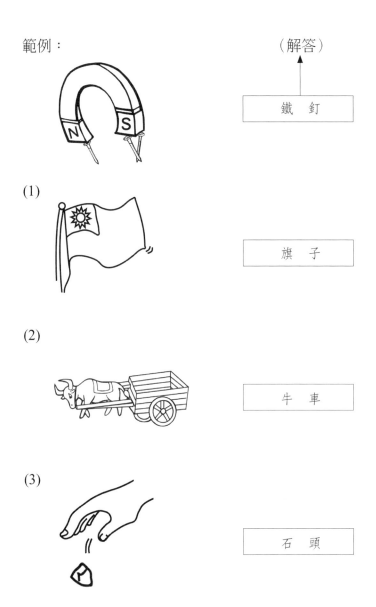

鐵　釘

(1)　　　　　　　　　　　　　　　　　旗　子

(2)　　　　　　　　　　　　　　　　　牛　車

(3)　　　　　　　　　　　　　　　　　石　頭

(五)一鐵製鐵珠滾進排水溝內，小明無法由排水溝蓋縫隙中拿到鐵
　　珠，也無法搬動水溝蓋。聰明的你（妳），想想看有什麼辦法可
　　以讓小明利用工具取得鐵珠。

辦法：_____

　　　　_____

　　　　_____

　　　　_____

　　　　_____

(六)下圖為一小朋友在投籃球的情形，我們可以從哪些現象得知球受
　　到力的作用？

答：_____

　　_____

(七)下面的四個力圖中,哪個是靜止的狀態呢?

(甲)

(乙)

(丙)

(丁)

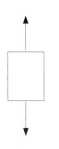

答:_____(請寫出代號)

(八)按照下圖往下拉動小鐵球，當放手時，小鐵球會受到什麼力的作
　　用？

答：_____

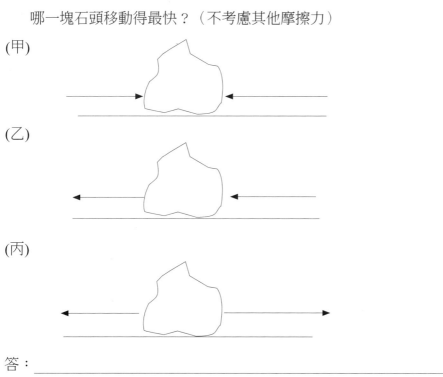

(九)相同大小的石頭放在同一桌面上，分別受到如下圖的力的作用，
　　哪一塊石頭移動得最快？（不考慮其他摩擦力）

(甲)

(乙)

(丙)

答：_____

(十)下列各現象，哪一個可以看出物體沒有受到外力的作用？

(甲)緊急煞車的腳踏車

(乙)在外太空中作等速度運動的隕石

(丙)從地上彈起的皮球

(丁)受熱膨脹的汽球

答：_____

(十一)美玲發現竹蜻蜓和水龍頭開關的造型很相似，且都是應用輪軸
　　　轉動，但應用方式不同，各有優點。請你想想有什不同？

_____

_____

(十二)爸爸要將新買的鐵櫃80公斤重搬上三樓，他的最大使出的力量
　　　只有25公斤重，但他有一些工具可以利用，請你幫忙設計一個
　　　省力又方便的方法，把東西搬上來。

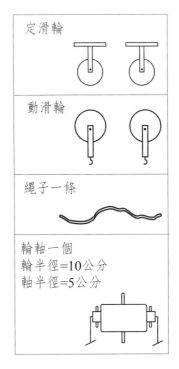 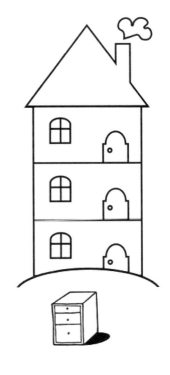

(十三)小華騎機車到山上玩，他遇到了一個大麻煩，就是機車沒停放好，掉到又深又陡的山谷裡，為了把機車吊起來，他知道用滑輪組可以省力，且能改變用力的方向，於是回家拿了一個動滑輪，一個定滑輪和長繩來吊起機車，請問他應該如何來裝置這滑輪組？請畫出來。

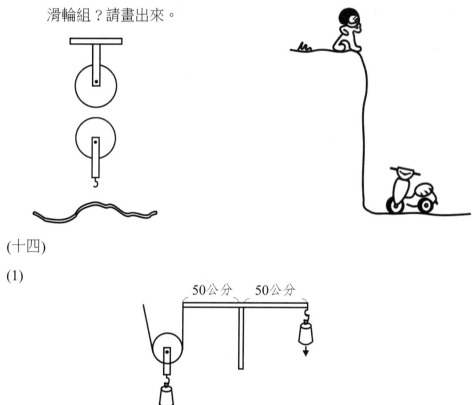

(十四)

(1)

如果想使上面的裝置保持平衡，在槓桿右邊的地方應掛多重的砝碼？才能使槓桿平衡。（滑輪組重量不計算）

答：＿＿＿＿＿＿＿＿＿＿＿公斤重。

(2)

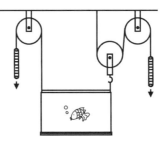

水族箱140公斤重

如上圖，如想保持140公斤重的水族箱平衡，請問在右邊的小麗應施多少力去拉繩子？在左邊的大明應施多少力去拉繩子？才能保持水族箱的水平。

(十五)上自然課時，同學們操作輪軸實驗，由小明負責記錄，當實驗完畢時發現記錄欄上並沒有註明哪一個是甲輪、哪一個是乙輪的數據，請你幫小明把空格欄填上。

實驗記錄：（每次實驗都能使輪軸保持平衡）

次數	輪軸 法碼 個數	（ㄅ）輪	（ㄆ）輪
第一次		3	6
第二次		5	10
第三次		7	14
第四次		9	18

(1)根據上面的實驗表格及圖示來回答下列問題：

　　ㄅ格是＿＿＿＿＿＿＿＿（甲或乙）輪

　　ㄆ格是＿＿＿＿＿＿＿＿（甲或乙）輪

(2)如果繼續做第五次實驗，在ㄅ輪上放20個砝碼，ㄆ輪要放幾個砝碼才能保持平衡？

答：＿＿＿＿＿＿＿＿個。

為什麼？＿＿＿＿＿＿＿＿＿＿＿＿＿＿＿＿＿＿＿＿＿＿＿＿

＿＿＿＿＿＿＿＿＿＿＿＿＿＿＿＿＿＿＿＿＿＿＿＿

(十六)小雄和小安兩個是雙胞胎，有一天兩人來到遊樂場。發現一項
　　　新奇又有趣的玩具，如下圖，小雄握著大方向盤，小安握著小
　　　方向盤，分別用同樣大小的力，向不同的方向轉動，請問你覺
　　　得方向盤會照誰轉動的方向轉動？

答：＿＿＿＿＿＿＿＿＿＿＿＿＿＿＿＿＿＿＿（小雄或小安）

為什麼：＿＿＿＿＿＿＿＿＿＿＿＿＿＿＿＿＿＿＿＿＿＿＿＿

小安　　　　　　　　　　　　　　　　　　小雄

(十七)小華星期日跟爸媽到宜蘭去玩，在回家路上發現有一塊大石頭
　　　擋在路中央，他如果不把石頭推開，就回不了家。可是大家使
　　　盡力氣合力要把石頭推開，石頭卻動也不動，車子又幫不上
　　　忙，這時小華找到了一根長木棍，他想好像可以用木棍來推，
　　　可是他卻不知要如何來使用，小朋友，你能不能告訴小華，要
　　　怎樣利用那根木棍來推動大石塊？

答：＿＿＿＿＿＿＿＿＿＿＿＿＿＿＿＿＿＿＿＿＿＿＿＿

＿＿＿＿＿＿＿＿＿＿＿＿＿＿＿＿＿＿＿＿＿＿＿＿

(十八)小明在一支鐵尺上劃出四等分，下面有四個鉤子，另外還有1
公斤重的砝碼，一個托盤。小明要用這個裝置來測量物體的重
量：

（直尺、鉤子、托盤的重量不計算）

1公斤重

(1)小明放了十顆彈珠在托盤上，情形如下，而且在平衡狀態，這些
彈珠共重多少？

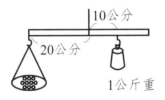

10公分

20公分

1公斤重

答：_____

(2)這個裝置最大可以測量多重的物體？

答：_____

(十九)小華用一個輪軸和動滑輪及繩子組成的裝置，將磚塊搬進工
地。如下圖：（車子與地面沒有摩擦力）

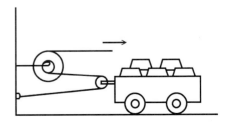

(1)有關這個裝置，哪個是正確的？

　①可以省力。

　②可以省時。

　③沒有改變力的方向。

答：＿＿＿＿＿＿＿＿＿＿＿＿＿＿＿＿＿＿＿＿＿

(2)這個裝置車運磚塊共重60公斤重，小華要用多大力氣才能拉進

　來？

答：＿＿＿＿＿＿＿＿＿＿＿＿＿＿＿＿＿＿＿＿＿

(3)如果放磚塊的地方到工地距離10公尺遠，那小華要拉多長的繩

　子？

答：＿＿＿＿＿＿＿＿＿＿＿＿＿＿＿＿＿＿＿＿＿

(二十)

(1)有一刻度由0到60公分的直尺，在尺的中央以棉線吊起，此時有兩

　個相同重量的砝碼，若要使直尺平衡（不計直尺的重量），砝碼

　應放在直尺左右兩側的什麼刻度？

| 0 | 5 | 10 | 15 | 20 | 25 | 30 | 35 | 40 | 45 | 50 | 55 | 60 |

　　　　左（公分）　　　　　　　　　　　右（公分）

左（公分）　　　　　　　　　　右（公分）

　①＿＿＿＿＿＿　　　　　　　　＿＿＿＿＿＿

　②＿＿＿＿＿＿　　　　　　　　＿＿＿＿＿＿

　③＿＿＿＿＿＿　　　　　　　　＿＿＿＿＿＿

(2)按上題，直尺保持平衡，尺的兩端分別甲、乙兩刻度，則甲、乙
的關係為何？

①甲+乙=60　②甲-乙=20　③甲×乙=800　④甲÷乙=0.5

答：＿＿＿＿＿＿＿＿（只寫代號）

(3)若將60公分的尺換成80公分，同樣在中央以棉線吊起，此時在兩
側等重砝碼且保持平衡，則甲、乙刻度的關係式為何？

答：＿＿＿＿＿＿＿＿＿＿＿＿＿＿＿＿＿＿＿＿＿＿＿

(廿一)小玉在幫忙家中小狗丹丹蓋一間狗屋，結果不小心將螺絲釘拴
錯了地方，現在小玉想把螺絲釘取出……

(1)下列有三種螺絲起子，小玉要拿哪一種會最省力？（螺絲起子的
重量不計）

答：＿＿＿＿＿＿＿＿（請寫代號）

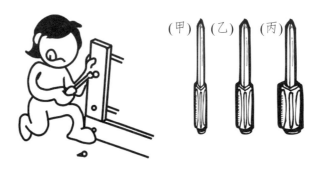

(2)螺絲起子能順利將螺絲釘取出是利用什麼原理？

答：＿＿＿＿＿＿＿＿＿＿＿＿＿＿＿＿＿＿＿＿＿＿＿

(3)如果小玉的力量還不能將螺絲釘取出，那麼這種工具哪一部分要
增加？

答：＿＿＿＿＿＿＿＿（請寫代號）

(廿二)大牛為了觀察動滑輪與定滑輪與定滑輪的差別，設計了一個實
驗：（如圖）

(1)大牛拿12個棒球要分別放進甲、乙兩個桶子，請問甲、乙兩個桶子各放幾個棒球才能保持平衡。（不考慮動滑輪與桶子、繩子的重量）

甲桶＿＿＿＿＿＿個　　乙桶＿＿＿＿＿＿個

(2)當甲乙兩桶平衡時，底部離地50公分，若將甲桶壓到地面時，乙桶底部離地幾公分？

答：＿＿＿＿＿＿公分

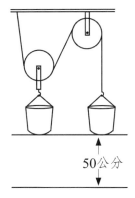

50公分

(廿三)我們在搬運重物時，常常會使用工具，使它更省力或更省時，請你依據下方圖示的裝置來回答下列問題：

(甲)定滑輪　　　(乙)輪軸　　　(丙)動滑輪　　　　(丁)滑輪組

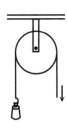 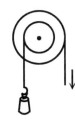  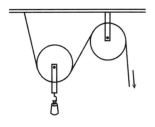

(1)可以省力，也能改變力的方向的是什麼裝置？（寫代號即可）

＿＿＿＿＿＿＿＿＿＿＿＿＿＿＿＿＿＿＿＿＿＿＿＿＿＿＿

(2)可以改變力的方向，但是不能省力的是什麼裝置？（寫代號即可）

＿＿＿＿＿＿＿＿＿＿＿＿＿＿＿＿＿＿＿＿＿＿＿＿＿＿＿

(3)可以省力，但是不能改變力的方向是什麼裝置？（寫代號即可）

(廿四)有一部腳踏車，以下哪一種齒輪的搭配是最費力的？

答：_____（寫代號即可）

(甲)

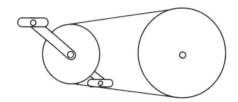

(乙)

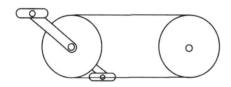

(丙)

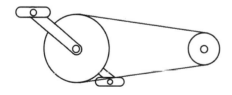

(廿五)大雨後蘇花路坍塌，有一輛遊覽車衝到山谷下，現場有足夠吊
　　　起遊覽車的馬力且轉速固定的馬達，為了儘快救起受傷的旅
　　　客，你（妳）認為下圖那一個裝置能快速救起傷患？

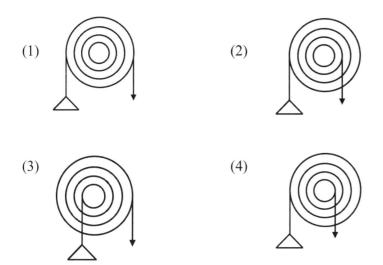

(廿六)日常生活中有許多便利的工具，都是利用不同的原理製作而

成。請問下列哪些物品是應用輪軸原理製成的？（請寫代號）

甲：水龍頭開關　　　　戊：收音機轉鈕

乙：理髮的剪刀　　　　己：訂書機

丙：麵包夾子　　　　　庚：老虎鉗

丁：削鉛筆機　　　　　辛：修車的板手

答：＿＿＿＿＿＿＿＿＿＿＿＿＿＿＿＿＿＿＿＿＿＿＿＿

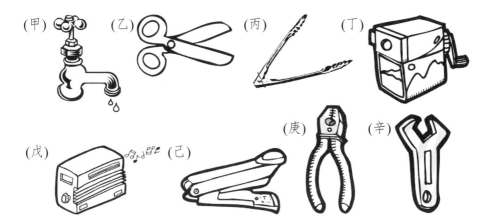

(廿七)小明家是開五金行的，有一天放學回家恰巧爸爸有事外出，聰明的小明就替爸爸看店。不久，有顧客上門要買一段鐵絲，小明要用哪一種剪刀來剪最適合？＿＿＿＿＿（只寫代號）

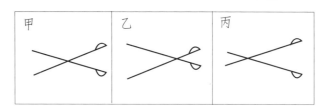

(1)為什麼？＿＿＿＿＿＿＿＿＿＿＿＿＿＿＿＿＿＿＿＿＿＿＿＿

＿＿＿＿＿＿＿＿＿＿＿＿＿＿＿＿＿＿＿＿＿＿＿＿

(2)之後，又來了一位顧客，是布店的老闆，想買一把剪刀，要能夠很快地剪布，他應該選擇哪一種最適合？＿＿＿＿＿（只寫代號）

為什麼？＿＿＿＿＿＿＿＿＿＿＿＿＿＿＿＿＿＿＿＿＿＿＿

(3)晚飯前爸爸回來了，飯後，乖巧的小明就去寫功課，整理書包時，想起隔天的美勞課要上剪紙課，要帶一把剪刀，他應該要帶哪一種一剪刀最合適？＿＿＿＿＿（只寫代號）

為什麼？＿＿＿＿＿＿＿＿＿＿＿＿＿＿＿＿＿＿＿＿＿＿＿

(廿八)小華在用輪軸搬運物體時，發現用甲、乙兩輪軸來搬運，施力與物重的結果如下表：　　　　　　　　　　　　單位：公斤重

	物重	40	20		
施力	甲	10		30	
	乙		40		28

(1)由上面的資料來完成上表。

(2)由上表可知甲輪軸的大輪與小軸的比例為

（　　　）：（　　　）或 $\dfrac{（\quad）}{（\quad）}$

物體應掛在＿＿＿＿＿＿＿＿＿＿＿＿

(3)由上表可知乙輪軸的大輪與小軸的比例為

（　　　）：（　　　）或 $\dfrac{（\quad）}{（\quad）}$

物體應掛在＿＿＿＿＿＿＿＿＿＿＿＿

(廿九)小華和同學打棒球，輪到小華打擊，他想打個很遠的球，在同樣的角度下，他要用哪一點來打球？＿＿＿＿＿＿

為什麼？＿＿＿＿＿＿＿＿＿＿＿＿＿＿＿＿＿＿

＿＿＿＿＿＿＿＿＿＿＿＿＿＿＿＿＿＿

(三十)小英家的電燈開關壞了，他想打開蓋子查看，但是螺絲、鎖得很緊，小英要用哪一支螺絲起子比較省力？＿＿＿＿＿

修好後，他想盡快將螺絲鎖緊，用哪一支最省時？＿＿＿＿＿

附錄乙　學生的概念圖

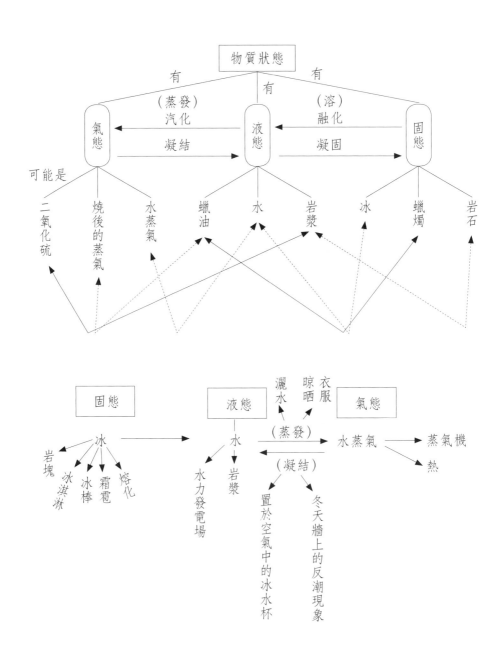

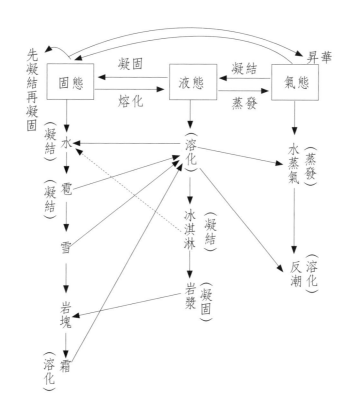

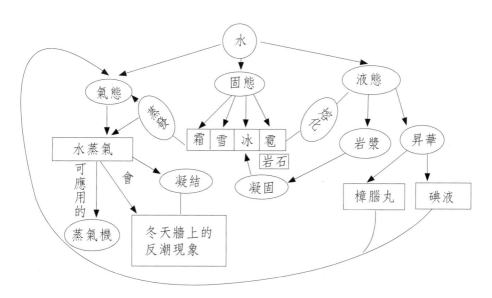

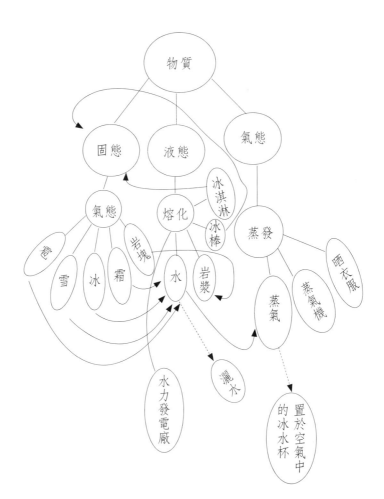

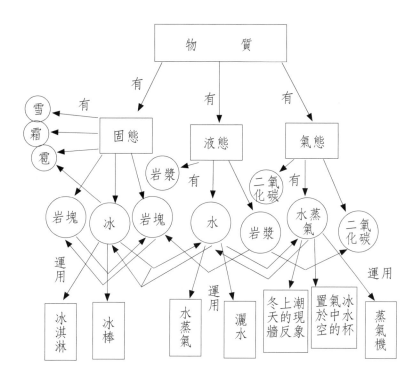

附錄丙　國立編譯館最新版第一冊至第八冊有關物理單元的部份

	物理（單元數）	全部單元數
第1冊	第3單元：聽出什麼	（共5單元）
	（共1單元）	
第2冊	第4單元：讓玩具動起來	（共6單元）
	第6單元：冷和熱	
	（共2單元）	
第3冊	第2單元：太陽和竿影	（共6單元）
	第3單元：小燈泡和小馬達	
	第4單元：空氣	
	第5單元：小話筒	
	第6單元：玩磁鐵	
	（共5單元）	
第4冊	第3單元：陽光	（共5單元）
	第4單元：水	
	（共2單元）	
第5冊	第2單元：溫度	（共7單元）
	第3單元：空氣的性質	
	第6單元：奇妙的光	
	（共3單元）	
第6冊	第1單元：怎麼用力	（共6單元）
	第2單元：輕與重	
	第4單元：指出位置來	
	第5單元：怎樣運動	
	第6單元：水流的力量	
	（共5單元）	

	物理（單元數）	全部單元數
第7冊	第1單元：月亮	（共7單元）
	第5單元：無孔不入的水	
	第6單元：水的變化	
	第7單元：測量力的大小	
	（共4單元）	
第8冊	第1單元：保溫與散熱	（共7單元）
	第2單元：電路	
	第3單元：聲音	
	第7單元：時間的測量	
	（第4單元）	
第1冊～第8冊	物理單元共26單元佔全部自然科單元53.1%	自然科單元數共49單元

附錄丁 電學迷思概念發掘教學方案之前後測分析（含題目）

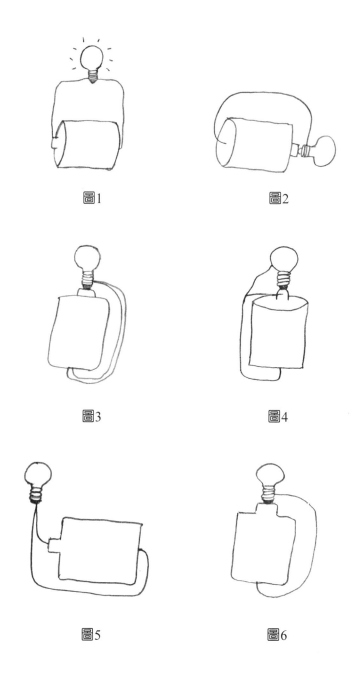

圖1

圖2

圖3

圖4

圖5

圖6

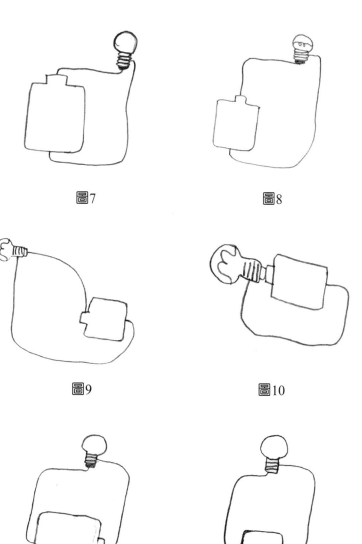

圖7

圖8

圖9

圖10

圖11

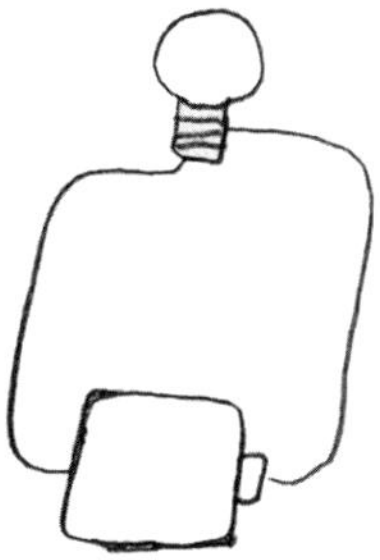

圖12

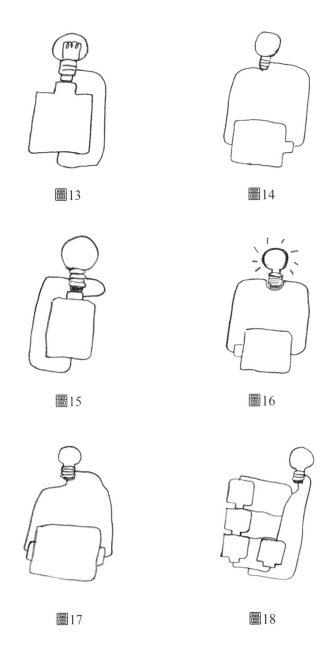

圖13   圖14

圖15   圖16

圖17   圖18

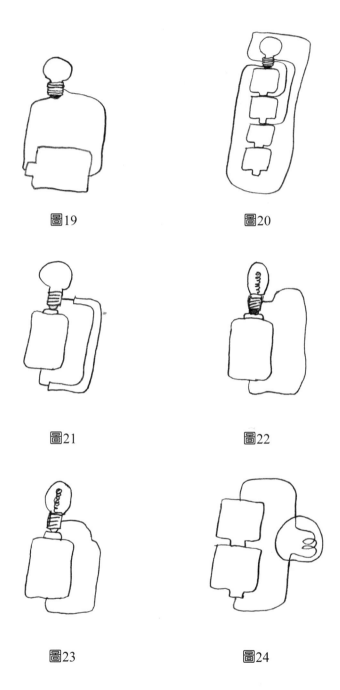

圖19

圖20

圖21

圖22

圖23

圖24

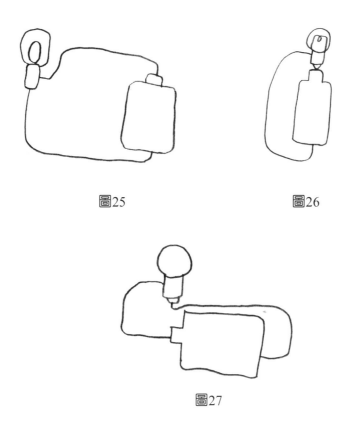

圖25   圖26

圖27

(二)下圖的電池、燈泡和電線要怎樣連接，才能使當中一個燈泡壞了
　　時，另一個燈泡還會亮呢？

(三)下面的電路國中，燈泡會亮的請在（　　　）中打 ✓ 。

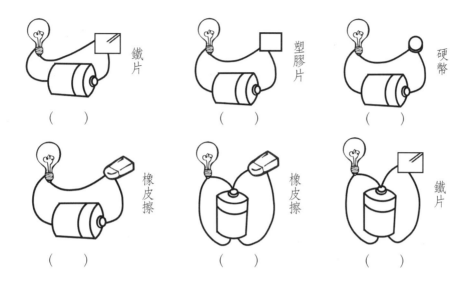

第一次訪談

第一題電池的兩端名稱訪談分析

RESPONSE SUBJECT	結　果		迷思概念
	沒有正負極概念	有正負極概念	
1	Ｖ		
2	Ｖ		
3	Ｖ		
4		Ｖ	
5		Ｖ	
6		Ｖ	
7	Ｖ		
8	Ｖ		
9	Ｖ		
10		Ｖ	
11	Ｖ		
12		Ｖ	
百分比	58.31%	41.69%	

第二題是電池、電線、燈泡的接法是否會讓燈亮起來訪談

RESPONSE SUBJECT	結　果			迷思概念
	沒有電池、燈泡接通之概念	有正確接通電路之概念	有概念但圖不會畫	
1				∨
2		∨		
3		∨		
4		∨		
5		∨		
6			∨	
7			∨	
8		∨		
9				∨
10		∨		
11		∨		
12		∨		
百分比		66.67%	16.66%	16.66%

第三題良導體與不良導體的問題

RESPONSE SUBJECT	結　果			理　由	迷思概念
	有良導體與非良導體的概念	無良導體與非良導體的概念	部份瞭解並非全懂		
1	∨				
2	∨				
3	∨				
4	∨				
5	∨				

RESPONSE ＼ SUBJECT	結　果			理　由		迷思概念
	有良導體與非良導體的概念	無良導體與非良導體的概念	部份瞭解並非全懂			
6	∨					
7	∨					
8			∨			
9		∨				
10		∨				
11		∨				
12	∨					
百分比	66.67%	25%	8.33%			

4.(1)在串聯的電池中，串2個電池與串3個電池的電燈，哪個較亮？為什麼？

RESPONSE ＼ SUBJECT	結　果			迷思概念
	有概念	沒有概念	概念有點模糊	
1	∨			
2	∨			
3	∨			
4	∨			
5	∨			
6	∨			
7	∨			
8	∨			
9		∨		
10	∨			
11			∨	
12		∨		
百分比	75%	16.66%	8.33%	

4.(2)在串聯的電路中，拿下一個電燈，另一個還會亮嗎？

RESPONSE SUBJECT	結果			迷思概念
	有正確概念	沒有回答	不會回答	
1	Ｖ			
2				Ｖ
3				Ｖ
4	Ｖ			
5				Ｖ
6				Ｖ
7		Ｖ		
8	Ｖ			
9			Ｖ	
10	Ｖ			
11				Ｖ
12	Ｖ			
百分比	41.6%	8.33%	8.33%	41.6%

5.(1)在並聯電路中，電燈並聯，電燈亮度會如何？為什麼？（問其原因）

RESPONSE SUBJECT	結果			迷思概念
	有正確概念	誤會題意	不會回答	
1		Ｖ		
2	Ｖ			
3				Ｖ
4				Ｖ（認為在電池並聯之電路的亮度比一電池供應一燈亮）
5			Ｖ	
6			Ｖ	

RESPONSE SUBJECT	結　果			迷思概念
	有正確概念	誤會題意	不會回答	
7				V
8				V
9				V
10				V
11			V	
12				V
百分比	8.33%	8.33%	25%	58.33%

5.(2)並聯電路中，將一燈拿起來，另一燈會不會亮？

RESPONSE SUBJECT	結　果				迷思概念
	概念正確	誤會題意	不會回答	有正確簽案但沒有理由	
1		V			
2	V				
3			V		
4	V				
5				V	
6					V
7					V
8	V				
9	V				
10	V				
11			V		
12					V
百分比	41.6%	8.33%	16.67%	8.33%	25%

6.(1)一電池串聯供應一個電燈,另一個電池供應一個電燈,哪一個會比較亮?為什麼?

SUBJECT ＼ RESPONSE	結　果		迷思概念
	概念正確	沒有概念	
1			∨（誤認兩個並聯電池供應一個電燈電池供應電燈來得亮）
2	∨		
3	∨		
4	∨		
5	∨		
6	∨		
7	∨		
8			
9		∨	
10			∨
11	∨		
12	∨		
百分比	75%	8.33%	16.17%

6.(2)二電池並聯供應一個電燈,另一個電池供應一個電燈,哪一個會較亮?

SUBJECT ＼ RESPONSE	結　果			迷思概念
	概念正確	沒有回答	不會回答	
1		∨		
2	∨			
3				∨

RESPONSE／SUBJECT	結　果			迷思概念
	概念正確	沒有回答	不會回答	
4	∨			
5			∨	
6			∨	
7				∨（誤認兩個電池並聯供應一個燈較一個電池供應一個燈亮）
8				∨
9		∨		
10			∨	
11				∨
12				∨
百分比	16.67%	16.67%	25%	41.67%

6.(3)又本組合是二個電池並聯供應一個燈泡，另一組為一個電池供應一個燈泡，哪一支持比較久（燃到燈不亮）？

RESPONSE／SUBJECT	結　果				迷思概念
	概念正確	沒有回答	不會回答	概念正確理由不清晰	
1		∨			
2	∨				
3			∨		
4				∨	
5			∨		
6			∨		
7	∨				
8	∨				

RESPONSE \ SUBJECT	結　果				迷思概念
	概念正確	沒有回答	不會回答	概念正確理由不清晰	
9				∨	
10				∨	
11	∨				
12	∨				
百分比	41.67%	8.33%	41.67%	8.33%	

7.將手電筒開關接通,仔細觀察,那個電池通過的電流最多?為什麼?

RESPONSE \ SUBJECT	結　果		迷思概念
	概念正確	沒有回答	
1			∨（雖然答對但理由是錯的,認為每一電池的電力一樣故通過之電流一樣）
2	∨		
3			∨
4			∨
5			∨
6	∨		
7			∨
8			∨
9		∨	
10	∨		
11			∨
12			∨
百分比	25%	8.33%	66.67%

8.在日常生活中怎樣才會使燈亮起或不亮？

RESPONSE SUBJECT	結　果		迷思概念（沒有開關概念）
	有開關概念	沒有開關概念	
1	V		
2	V		
3	V		
4	V		
5	V		
6	V		
7	V		
8	V		
9		V	
10		V	
11	V		
12	V		
百分比	83.33%	16.67%	

9.(1)請畫出一個電池供應一個電燈亮起來的線路圖。

RESPONSE SUBJECT	結　果		迷思概念
	能正確敘述且畫圖	不會回答	
1	V		
2	V		
3	V		
4	V		
5	V		
6	V		
7	V		
8	V		

RESPONSE SUBJECT	結　果		迷思概念
	能正確敘述且畫圖	不會回答	
9		∨	
10			∨
11	∨		
12	∨		
百分比	83.33%	8.33%	8.33%

9.(2)對提供的線路裝置，哪一個會亮起來？

RESPONSE SUBJECT	結　果		迷思概念
	概念正確	沒回答	
1		∨	
2		∨	
3		∨	
4		∨	
5		∨	
6		∨	
7	∨		
8			
9			∨
10		∨	
11		∨	
12	∨		
百分比	16.67%	75%	8.33%

第二次訪談

第一題電池的兩端名稱訪談分析

RESPONSE SUBJECT	結　果		迷思概念
	沒有正負極概念	有正負極概念	
1		○	
2		○	
3		○	
4		○	
5		○	
6		○	
7		○	
8		○	
9		○	
10		○	
11		○	
12		○	
百分比		100%	

第二題是電池、電線、燈泡的接法是否會讓燈亮起來的訪談

RESPONSE SUBJECT	結　果			迷思概念
	沒有電池、燈泡接通之概念	有正確接通電路之概念	有概念但圖不會畫	
1		○		
2		○		
3		○		
4		○		
5		○		
6		○		
7		○		
8		○		
9		○		
10		○		

RESPONSE／SUBJECT	結　果			迷思概念
	沒有電池、燈泡接通之概念	有正確接通電路之概念	有概念但圖不會畫	
11		○		
12		○		
百分比		100%		

第三題良導體與不良導體的問題

RESPONSE／SUBJECT	結　果				迷思概念
	有良導體與非良導體的概念	無良導體與非良導體概念	部份瞭解並非全懂	理由	
1	○				
2	○				
3	○				
4	○				
5	○				
6	○				
7	○				
8			○		
9	○				
10	○				
11	○				
12	○				
百分比	91.67%		8.33%		

4.(1)在串聯的電路中，串2個電池與串3個電池的電燈，哪個較亮？為什麼？（原因）

RESPONSE＼SUBJECT	結　　果			迷思概念
	有概念	沒有概念	概念有點模糊	
1	○			
2	○			
3	○			
4	○			
5	○			
6	○			
7	○			
8	○			
9	○			
10	○			
11	○			
12	○			
百分比	100%			

4.(2)在串聯的電路中，拿下一個電燈，另一個還會亮嗎？

RESPONSE＼SUBJECT	結　　果			迷思概念
	有正確概念	沒有回答	不會回答	
1	○			
2				○
3	○			
4	○			
5				○
6	○			
7	○			
8	○			
9	○			

RESPONSE SUBJECT	結　果			迷思概念
	有正確概念	沒有回答	不會回答	
10	◯			
11	◯			
12	◯			
百分比	83.33			16.67%

5.(1)在並聯電路中，電燈並聯，電燈亮度會如何？為什麼？（問其原因）

RESPONSE SUBJECT	結　果			迷思概念
	概念正確	誤會題意	不會回答	
1	◯			
2	◯			
3				◯
4				◯
5				◯
6				◯
7	◯			
8				◯
9				◯
10				◯
11				◯
12	◯			
百分比	33.33%			66.67%

5.(2)並聯電路中，將一燈拿起來，另一燈會不會亮？

RESPONSE〳SUBJECT	結　果				迷思概念
	概念正確	誤會題意	不會回答	有正確簽案但沒有理由	
1	○				
2	○				
3	○				
4	○				
5	○				
6	○				
7	○				
8	○				
9	○				
10	○				
11	○				
12	○				
百分比	100%				

6.(1)一電池串聯供應一個電燈，另一個電池供應一個電燈，哪一個會比較亮？

RESPONSE〳SUBJECT	結　果		迷思概念
	概念正確	沒有概念	
1	○		
2	○		
3	○		
4	○		
5	○		
6	○		
7	○		
8	○		

RESPONSE SUBJECT	結　果		迷思概念
	概念正確	沒有概念	
9	◯		
10	◯		
11	◯		
12	◯		
百分比	100%		

6.(2)二電池並聯供應一個電燈，另一個電池供應一個電燈，哪一個會較亮？

RESPONSE SUBJECT	結　果			迷思概念
	概念正確	沒有回答	不會回答	
1	◯			
2				◯
3				◯
4	◯			
5				◯
6				◯
7				
8				◯
9				◯
10	◯			
11				◯
12	◯			
百分比	33.33%			66.67%

6.(3)又本組合是二個電池並聯供應一個燈泡，另一組為一個電池供應一個燈泡，哪一支持比較久（燃到燈不亮）？

RESPONSE SUBJECT	結　果				迷思概念
	概念正確	沒有回答	不會回答	概念正確理由不清晰	
1	○				
2	○				
3	○				
4	○				
5	○				
6					○
7	○				
8	○				
9					○
10	○				
11	○				
12	○				
百分比	83.33%				16.67%

7.將手電筒開關接通，仔細觀察，那個電池通過的電流最多？為什麼？

RESPONSE SUBJECT	結　果		迷思概念
	概念正確	不會回答	
1		○	
2	○		
3			○
4			○
5			○
6			○
7			○
8	○		

RESPONSE SUBJECT	結 果		迷思概念
	概念正確	不會回答	
9			◯
10			◯
11	◯		
12	◯		
百分比	33.33%	8.33%	58.33%

8.在日常生活中怎樣才會使燈亮起或不亮？

RESPONSE SUBJECT	結 果		迷思概念（沒有開關概念）
	有開關概念	沒有開關概念	
1	◯		
2	◯		
3	◯		
4	◯		
5	◯		
6	◯		
7	◯		
8	◯		
9		◯	
10	◯		
11	◯		
12	◯		
百分比	91.67%	8.33%	

9.(1)請畫出一個電池供應一個電燈亮起來的線路圖。

RESPONSE〆SUBJECT	結　果		迷思概念
	能正確敘述且畫圖	不會回答	
1	○		
2	○		
3	○		
4	○		
5	○		
6	○		
7	○		
8	○		
9	○		
10	○		
11	○		
12	○		
百分比	100%		

9.(2)對提供的線路裝置，哪一個會亮起來？

RESPONSE〆SUBJECT	結　果		迷思概念
	概念正確	沒回答	
1		○	
2	○		
3			
4			
5			
6			
7	○		
8		○	
9	○		
10		○	

SUBJECT \ RESPONSE	結　果		迷思概念
	概念正確	沒回答	
11	○		
12	○		
百分比	41.67%	58.33%	

附錄戊　力學概念發展教學方案之前後測分析（含題目）

樣本學生訪談資料

第一次

一、你有沒有騎過腳踏車？

Response Subject	答　案		未答者
	有	否（沒有）	
1	∨		
2			∨
3	∨		
4	∨		
5			∨
6	∨		
7		∨	
8	∨		
9	∨		
10	∨		
11	∨		
12	∨		
13	∨		
14			∨
百分比	71.4%	7.1%	21.5%

一、(1)如果你要騎腳踏車上山坡，你覺得在平地上騎腳踏車比較累？或從平地騎上山坡比較累？為什麼？

Response / Subject	累		理　由			迷思概念（misconceptions）
	山坡（陡）	平地	騎不穩	山坡較直立	阻力	
1	V		V			
2	V			V		輪胎吃力—輪胎滾動較吃力7.1%
3	V					V 陡的路徒遠些7.1%
4	V				V	
5	V			V		
6	V					V 石頭多（有石頭）7.1%
7	V				V 14.3%	
8	V			V		
9	V				腳力不夠7.1%	
10	V			V 28.6		
11	V				角度不同7.1%	
12	V			V 地心引力		
13	V			V 重心在下7.1%		
14	V			V 地心引力		
百分比	100%		7.1%	14.3%		

一、(2)你從山坡上要騎車下來，你覺得比較平的（山坡）和比較陡的（山坡），滑行距離一樣，哪個比較快？

Response / Subject	快		理　由						迷思概念（misconceptions）
	陡坡	平地（緩坡）	陡坡較高	重心往前	比較直（接近垂直）	衝力大	沒有阻礙		
1		V							
2	V		V						
3	V			V					

Response＼Subject	快		理　由					迷思概念（misconceptions）
	陡坡	平地（緩坡）	陡坡較高	重心往前	比較直（接近垂直）	衝力大	沒有阻礙	
4	V				V			
5	V				沒講理由			
6		V						陡坡石頭多，緩坡用衝的7.1%
7	V					V		
8		V						陡的不能騎太快7.1%
9		V						陡的有阻礙物7.1%
10	V					陡的可騎快緩的騎得慢		7.1%
11	V							比較刺激7.1%
12	V					有地心引力的緣故7.1%		
13	V							陡的地心引力比較大，平的引力小7.1%
14	V							陡的有地心引力7.1%
百分比%	71.4%	28.6%	7.1%	7.1%	7.1%	7.1%		50%

二、(1)如果現在有兩個溜滑梯，一個比較平，一個比較陡，你喜歡哪一個？

Response＼Subject	結　果			理　由				迷思概念（misconceptions）
	有	陡的	緩的（平的）	陡的較沒阻力	衝力大	刺激	其他	
1	V							
		V						
2								

Response \ Subject	結果			理由				迷思概念（misconceptions）
	有	陡的	緩的（平的）	陡的較沒阻力	衝力大	刺激	其他	
3	V							
		V						
4	V			V	V			
		V						
5	V					V		
		V						
6	V						陡的高不敢玩 7.1%	
			V					
7	V							
		V						
8	V							
		V						
9	V						過癮舒服7.1%	
		V						
10	V							
		V						
11	V					V		
		V						
12	V							
		V						
13	V							
		V						
14	V							
		V						
百分比%	92.9%	92.9%	7.1%	7.1%	7.1%	14.3%	Others 14.3%	0%

二、(2)你認為哪一個滑得比較快？為什麼？

Response〈Subject	快		理　由				迷思概念（misconceptions）
	陡坡	平地（緩坡）	身體不傾斜	較舒服	重心在前	直接往下	
1		∨					
2	∨				∨	∨	
3	∨				∨ 14.3%		斜斜的
4	∨		衝力大沒阻力7.1%				
5	∨				比較接近直（立）21.4%		
6	∨				高度較高21.4%		
7	∨				陡的衝力大14.3%		
8	∨				比較直（立）21.4%		
9	沒有回答						
10	∨				衝力大14.3%		
11	∨		沒有講理由				
12	∨		移動距離較長（從地面起算）7.1%				
13	∨		吸引力7.1%				
14	∨		地心引力的關係7.1%				
百分比%	85.7%	7.1%				7.1%	7.1%

二、(3)如果你在滑梯下面擺一個紙箱，你覺得從比較平的或是較陡的滑梯上滑下來，哪一種滑梯滑下來會把紙箱撞得比較遠？

Response / Subject	快		理　由					迷思概念 (misconceptions)
	陡坡	平的（緩的）	斜角大	力量較大	速度較快	衝力大	平山坡是直的	
1		V						
2	V				V			
3	V							
4	V					V		
5	V				V	V		
6		V					V	
7	V							
8	V					V		
9					V	V		
10	V					V		
11	V							陡的距離大
12	V				陡的移動的距離較大			
13	V			沒有理由				
14	V			慣性大				
百分比%	92.9%	7.1%		7.1%	28.6	35.7	7.1	7.1

三、(1)如果一部腳踏車從山頂滑下來，和從山腰的地方滑下來，你覺得有沒有什麼不同？

Response / Subject	結　果			理　由			迷思概念 (misconceptions)
	相同	不同	差不多	衝力大	山頂下來快，山腰下來慢	速度一樣	
1		V					
2		V					
3		V					
4		V					

Response \ Subject	結果			理由			迷思概念（misconceptions）
	相同	不同	差不多	衝力大	山頂下來快，山腰下來慢	速度一樣	
5			V				
6		V		V			
7		V			V		
8	V					V	
9		V					
10							
11	V						
12		V		V			
13	V				V		
14		V			V		
百分比%	21.45	71.4%	7.1%	14.3%	21.4%	7.1%	0%

三、(2)從山頂滑下來的車子到達平地後，和是從山腰的地方滑下來的車子到達平地後，都不踩踏板，哪一種情形車子能繼續滑行的比較遠？為什麼？

Response \ Subject	結果：較遠		理由					迷思概念（misconceptions）		
	山頂	山腰	較高	衝力大		速度快	慣性大	地心引力	較斜	無阻力
1	V		V						V	
2	V		V	V						
3	V				沒有理由					
4	V								V	
5	V			V						
6	V			V						
7	V					V				
8	V			V						
9	V							V		

Response Subject	結果：較遠		理 由					迷思概念（misconceptions）		
	山頂	山腰	較高	衝力大		速度快	慣性大	地心引力	較斜	無阻力
10	∨			∨						
11	∨			∨						
12	∨		∨	∨						
13	∨			∨						
14	∨						∨			
百分比%	100%		21.6%	57.1%		7.1%	7.1%	7.1%	14.3%	

三、(3)當一輛車從5公尺山坡上與3公尺山坡上滑下來時，撞到的紙箱子，你覺得5公尺的地方滑下來，或是從3公尺的地方滑下來，紙箱子會被撞得較遠？

Response Subject	結果：較遠			理　由							迷思概念（misconceptions）
	3公尺	5公尺	不一定	慣性大阻力就愈大	滑行距離較遠	衝力大	較不易擋住	高度高	速度大	如人之助跑愈長就撞愈遠	
1	∨				沒有理由						
2	∨									∨	
3	∨										
4	∨								∨		
5	∨					∨		∨			
6	∨				沒有理由						
7		∨			沒有理由						
8		∨				∨					
9		∨				∨					
10		∨			沒有理由						
11		∨				∨					
12		∨			∨						
13		∨			沒有理由						
14		∨		∨	∨						

Response / Subject	結果：較遠			理　由							迷思概念 (misconceptions)
	3 公尺	5 公尺	不一定	慣性大阻力就愈大	滑行距離較遠	衝力大	較不易擋住	高度高	速度大	如人之助跑愈長就撞愈遠	
百分比%	7.1%	92.9%		7.1%	7.1%	21.4%	7.1%	7.1%	7.1%	7.1%	

四、(1)你有沒去過八仙樂園（或相似的樂園）玩滑水道？

(2)當你和你的爸爸分別於不同的滑水道滑下時，所濺起的水花有何不同？

Response / Subject	結果（去過樂園否與濺起水花）			理　由		迷思概念 (misconceptions)		
	有	爸爸水花多	我的水花多	父較重	父衝力大	父親體積大	速度快	速度慢
1	∨	∨		∨	∨			
2	沒有	∨		∨				
3	沒有	∨		∨		∨		
4	沒有	∨		∨		∨		
5	沒有	∨						
6	∨	∨		∨				
7	沒有	∨		∨				
8	沒有	∨		∨		∨		
9	∨	∨		∨				
10	沒有	∨		∨				

Response \ Subject	結果（去過樂園否與濺起水花）			理　由		迷思概念（misconceptions）		
	有	爸爸水花多	我的水花多	父較重	父衝力大	父親體積大	速度快	速度慢
11	沒有	∨		∨				
12	∨	∨				∨		
13	沒有	∨				∨		
14	沒有	∨		∨				
百分比%	28.6%	100%		85.7%	7.1%	42.9%		

五、(1)一輛車從斜面上向下滑動，一胖一瘦的同學去擋車子，誰較能擋得住？為什麼？

Response \ Subject	結　果		理　由			迷思概念（misconceptions）		
	胖子	瘦子	比較重	重心較穩		力量大	體積大	受力大
1	∨						∨	
2	∨		∨	∨		∨		
3	∨		∨	∨				
4	∨					∨		
5	∨					∨		
6	∨				沒有理由			
7	∨		∨			∨		
8	∨		∨					
9	∨		∨					
10	∨		∨					
11	∨							∨
12	∨					∨		
13	∨					∨	∨	

Response＼Subject	結果		理由			迷思概念（misconceptions）		
	胖子	瘦子	比較重	重心較穩		力量大	體積大	受力大
14	V					V		
百分比%	100%		42.9%	21.4%		50%	14.3%	7.1%

　　五、(2)下課的時候，有一個三年級的小朋友想去合作社買飲料，於是快速的從樓梯上跑下來，但不幸的，他撞到一個六年級的大哥哥，你想會有什麼結果呢？你覺得撞到的是六年級是一年的同學，他們所發生的結果會一樣或不一樣呢？（如果結果是一樣，那麼為什麼會一樣呢？如果你覺得不一樣，為什麼不一樣呢？）

Response＼Subject	結果				理由							迷思概念（misconceptions）
	三年級學生會跌倒	六年級學生會跌倒	一年級學生會跌倒	撞到一年級與六年級學生的效果同	都會跌倒	慣性較大	一年級學生較矮小	六年級學生較重	六年級哥哥較大不易倒	大哥哥力量大	三年級較重	
1　(1)		V										
1　(2)	V		V（較嚴重）	V	V							
2	V											
2	V		V									
3	V	不會跌倒							V			
3	不會跌倒		V							V		
4	V										V	
4			V									
5	V	V										
5	V		V				V					
6	V											
6	V		V									
7	V											
7			V					V				

Response \ Subject	結果				理由							迷思概念（misconceptions）
	三年級學生會跌倒	六年級學生會跌倒	一年級學生會跌倒	撞到一年級與六年級學生的效果同	都會跌倒	慣性較大	一年級學生較矮小	六年級學生較重	六年級哥哥較大不易倒	大哥哥力量大	三年級較重	
8	沒有概念性回答											六年級大哥哥會傷重一點
												一年級小弟弟會輕一點
9	✓									✓		
		✓										
10	✓	✓										三年級小朋友可能大哥哥打
			✓					✓				
11			✓				✓					六年級哥哥會向三年級小朋友道歉
12	✓	✓									✓	
	六年級跌倒較輕		✓									
13	✓	✓					✓	✓				三年級的體積較一年級大
			✓									
14			✓	可能跌倒也可能不會跌倒		✓						
百分比(1)	71.4%	28.6%		14.3%	7.1%	7.1%	7.1%		7.1%	7.1%		
百分比(2)	28.6%	0%	92.9%			14.3%	14.3%	7.1%		7.1%	7.1%	28.6%

第二次

一、你有沒有騎過腳踏車？

Response \ Subject	答案		沒有答
	有	否（沒有）	
1	○		
2			
3			

Response\Subject	答案		沒有答
	有	否（沒有）	
4	○		
5	○		
6			
7		○	
8	○		
9			
10	○		
11			
12			
13	○		
14			
百分比	42.88%	7.1%	未答50%

　　一、(1)如果你要騎腳踏車上山坡，你覺得在平地上騎腳踏車比較累？或從平地騎上山坡比較累？為什麼？

Response\Subject	理　由												迷思概念（misconceptions）
	山坡（陡）	平地	斜度大	平地較不斜	陡的角度比較接近90度	平的山坡平平的用的力量較小	平緩山坡角度小	向後拉力較大	陡的較高	角度不同	受地心引力也較多	地心引力向下拉	
1	○		○	○									
2	○												
3	○		○										
4	○		○		○								
5	○		○										
6	○		○										
7	○		○										

Response \ Subject	山坡(陡)	平地	斜度大	平地較不斜	陡的角度比較接近90度	平的山坡平平的用的力量較小	平緩山坡角度小	向後拉力較大	陡的較高	角度不同	受地心引力也較多	地心引力向下拉	迷思概念（misconceptions）
						理　由							
8	○						○						
9	○							○					因為比較陡的山坡距離比陡的山坡還要長些（應該比平地高度高）
10	○								○				
11	○									○			
12	○		○								○		
13	○		○										
14	○											○	
累計百分比	100%	0%	57.1%	17.1%	14.3%	7.1%	7.1%	7.1%	7.1%	7.1%	7.1%	7.1%	7.1%

其中100%均答山坡。

一、(2)你從山坡上要騎車下來，你覺得比較平的（山坡）和比較陡的（山坡），滑行距離一樣，哪個比較快？

Response \ Subject	陡坡	平地（緩坡）	陡的高度高	角度較大	角度接近90度	衝力大	緩坡與平地一樣平平的	有力量往下拉	角度不一樣	迷思概念（misconceptions）
	快				理　由					
1	○		○							
2	○			○	○					
3	○									
4	○				○	○				
5	○				○					
6	○				○					
7	○				○					

Response ＼ Subject	快		理　由							迷思概念（misconceptions）
	陡坡	平地（緩坡）	陡的高度高	角度較大	角度接近90度	衝力大	緩坡與平地一樣平平的	有力量往下拉	角度不一樣	
8	○			○						
9	○							○		
10	○				○					
11	○								○	
12	○			○						
13	○			○						
14	○					○				
累計百分比	100%		7.1%	57.1%	14.3%	14.3%	7.1%	7.1%	7.1%	0%

二、你有沒有玩過溜滑梯？

如果現在有兩個溜滑梯，一個比較平，一個比較陡，你喜歡哪一個？

Response ＼ Subject	結果			理　由				迷思概念（misconceptions）
	有	陡的	緩的（平的）	下來比較快	衝力大	比較舒服	溜得快	
1	○						○	
		○						
2			○					
3	○							
		○						
4	○				○	○		
		○						
5	○							
		○						
6	○							
		○						
7	○							
		○						

Response \ Subject	結果			理由				迷思概念
	有	陡的	緩的（平的）	下來比較快	衝力大	比較舒服	溜得快	（misconceptions）
8	○			○				
		○						
9		○						
10	○							
		○						
11	○							
		○						
12	○							
		○						
13	○							
		○						
14	○							
		○						
百分比	85.7%	100%		7.1%	7.1%	7.1%	7.1%	0%

二、(2)你認為哪一個滑得比較快？為什麼？

Response \ Subject	結果（快）		理由								迷思概念（misconceptions）
	陡的	平的（緩的）	溜得較快	較刺激	重心往前	衝力大	角度較大	陡的愈接近垂直（90度）	角度不一樣	地心引力使陡的快一點	
1	○		○								
2	○		○	○							
3	○				○						
4	○					○					
5	○						○				
6	○						○				
7	○						○				
8	○						○				溜下來距離較遠些
9	○							○			
10	○						○	○			

Response / Subject	結果（快）		理　由								迷思概念（misconceptions）
	陡的	平的（緩的）	溜得較快	較刺激	重心往前	衝力大	角度較大	陡的愈接近垂直（90度）	角度不一樣	地心引力使陡的快一點	
11	◯								◯		
12	◯						◯				
13	◯						◯				
14	◯									◯	
百分比	100%		14.3%	7.1%	7.1%	7.1%	50%	14.3%	7.1%	7.1%	7.1%

二、(3)如果你在滑梯下面擺一個紙箱，你覺得從比較平的或是較陡的滑梯上滑下來，哪一種滑梯滑下來會把紙箱撞得比較遠？

Response / Subject	結果（快）		理　由						迷思概念（misconceptions）
	陡的	平的（緩的）	衝力大	速度快	角度大	撞擊力量比較大	較有力量推他	高度高	
1	◯		◯		◯			◯	
2	◯			◯					
3	◯		◯		◯				
4	◯		◯		◯				
5	◯		◯						
6	◯		◯						
7	◯							◯	
8	◯						◯		
9	◯			◯		◯			
10	◯								
11	◯			◯					
12	◯		◯	◯	◯				
13	◯								
14	◯		◯						
百分比	100%		50%	35.7%	28.6%	7.1%	7.1%	7.1%	0%

三、(1)如果一部腳踏車從山頂滑下來，和從山腰的地方滑下來，你覺得有沒有什麼不同？

Response＼Subject	結果（快）			理由								迷思概念（misconceptions）角度大
	相同	不相同	差不多	山頂下來速度變快	山腰滑下來速度慢	如人之助跑的距離較遠（另有架構）	山頂下來距離長	山頂下來速度快	山頂下來之衝力大	山頂滑下來時間比較久	山頂下行的距離較遠	
1		○		○								
2		○				○						
3		○		○								
4		○		○					○			
5		○								○	○	
6		○		○								
7		○		○	○							
8		○					○					
9		○		○	○							
10		○		○	○		○					
11		○									○	
12		○		○	○							
13		○									○	○
14		○		○								
百分比		100%		64.3%	28.6%	7.1%	21.4%		14.3%	7.1%	14.3%	14.3%

三、(2)從山頂滑下來的車子到達平地後，和是從山腰的地滑下來的車子到達平地後，都不踩踏板，哪一種情形車子能繼續滑行的比較遠？為什麼？

Response＼Subject	結果較遠		理由				迷思概念（misconceptions）
	山頂	山腰	山頂滑得較遠	山頂下來速度快	衝力大	高度較高	
1	○			○			
2	○			○		○	
3	○				○		
4	○				○		
5	○		○		○		
6	○		○				

Response / Subject	結果較遠		理由				迷思概念（misconceptions）
	山頂	山腰	山頂滑得較遠	山頂下來速度快	衝力大	高度較高	
7	○		○		○		
8	○					○	
9	○			○		○	
10	○				○		
11	○		○	○		○	
12	○			○			
13	○			○	○		
14	陡的 7.1%		○				
百分比	92.9%		35.7%	42.9%	42.9%	21.4%	0%

三、(3)當一輛車從5公尺山坡上與3公尺山坡上滑下來時，撞到的紙箱子，你覺得從5公尺的地方滑下來，或是從3公尺的地方滑上來，紙箱子會被撞得較遠？

Response / Subject	結果（較遠）			理由					迷思概念（misconceptions）
	3公尺	5公尺	不一定	五公尺下來滑行的距離遠遠	高度高	速度快	衝力大	慣性大所需阻力較大	
1		○		○	○	○			
2		○			○	○			
3		○							
4		○		○			○		
5		○		○			○		
6		○							
7		○							
8		○		○					
9		○							
10		○							
11		○							
12		○		○			○	○	

Response \ Subject	結果（較遠）			理由					迷思概念（misconceptions）
	3公尺	5公尺	不一定	五公尺下來滑行的距離遠遠	高度高	速度快	衝力大	慣性大所需阻力較大	
13		○							
14		○						○	
百分比		100%		42.9%	14.3%	21.4%	21.4%	7.1%	0%

四、(1)你有沒去過八仙樂園（或相似的樂園）玩滑水道？

(2)當你和你的爸爸分別於不同的滑水道滑下時，所濺起的水花有何不同？

Response \ Subject	結果（去過樂園否與濺起水花）			理由			迷思概念（misconceptions）
	有	爸爸水花多	我的水花多	父親質量大	衝力大	父親較重	體積較大（因為體積大並不表示質量就大，水花之多寡與衝量有關）
1	○						
		○				○	
2	沒有						
			○				
3	○						
		○				○	
4	○						
		○					○
5	○						
		○		○			○
6	○						
		○		○			
7	沒有						
		○		○			
8	沒有						
		○		○			○
9	○						
		○		○	○		
10	沒有						
		○		○			○

Response＼Subject	結果（去過樂園否與濺起水花）			理　由			迷思概念（misconceptions）
	有	爸爸水花多	我的水花多	父親質量大	衝力大	父親較重	體積較大（因為體積大並不表示質量就大，水花之多寡與衝量有關）
11	沒有						
		○		○			
12	有						
		○		○		○	
13	沒有						
		○		○			
14	沒有						
		○		○	○		
百分比	有50%／沒有50%	92.9%	7.1%	71.4%	14.3%	14.3%	28.6%

五、(1)一輛車從斜面上向下滑動，一胖一瘦的同學去擋車子，誰較能擋得住？為什麼？

Response＼Subject	結果（較易擋得住）		理　由						迷思概念（misconceptions）
	胖子	瘦子	質量大	重量大	阻力也較大	重量重可以和車子的衝力抵銷掉	比較容易保持自己的平衡和重心	體積較大	
1	○								
2	○		○						
3	○			○					
4	○			○					
5	○			○	○				
6	○			○					
7	○								
8	○								
9	○				○	○			
10	○			○				○	
11	○		○						
12	○			○					

Response / Subject	結果（較易擋得住）		理 由					迷思概念（misconceptions）
	胖子	瘦子	質量大	重量大	阻力也較大	重量重可以和車子的衝力抵銷掉	比較容易保持自己的平衡和重心	體積較大
13	○		○				○	
14	○		○					
百分比	100%		42.9%	42.9%	7.1%	7.1%	7.1%	7.1%

　　五、(2)下課的時候，有一個三年級的小朋友想去合作社買飲料，於是快速的從樓梯上跑下來，但不幸的，他撞到一個六年級的大哥哥，你想會有什麼結果呢？你覺得撞到的是六年級是一年的同學，他們所發生的結果會一樣或不一樣呢？（如果結果是一樣，那麼為什麼會一樣呢？如果你覺得不一樣，為什麼不一樣呢？）

Response / Subject	結 果			理 由						迷思概念（misconceptions）
	會有不同	胖子擋住奔跑下樓之小孩	瘦子被奔跑下樓撞之小孩撞倒	胖子質量大	瘦子質量小能被撞倒	被撞倒之人質量有關	胖子像小木塊質量較小	瘦子像小木塊質量較小	胖子像大石頭瘦子像小石頭	
1	○									
								○	○	
2	○									
3	○									
4	○					○				
5	○									
6	○									
7	○									
							○		○	

Response / Subject	結果			理由						迷思概念（misconceptions）
	會有不同	胖子擋住奔跑下樓之小孩	瘦子被奔跑下樓撞之小孩撞倒	胖子質量大	瘦子質量小能被撞倒	被撞倒之人質量有關	胖子像小木塊質量較小	瘦子像小木塊質量較小	胖子像大石頭瘦子像小石頭	
8	○									
9	○									
10	○									
11	○									
		○	○							
12	○									
13	○									
		○	○	○	○					
14	○									
		○	○							
百分比	100%									
		21.4%	28.6%	7.1%	7.1%	7.1%	7.1%	7.1%	14.3%	0%

國家圖書館出版品預行編目資料

國小自然與生活科技教學：學習與評量／陳義
勳著. ――初版.――臺北市：五南，2010.01
　　面；　公分
　　參考書目：面
　　ISBN 978-957-11-5885-3（平裝）
　　1.科學教育　2.學習評量　3.小學教學
523.36　　　　　　　　　　　　98024803

5BD9

國小自然與生活科技教學
學習與評量

作　　　者 ― 陳義勳（246.5）

發 行 人 ― 楊榮川

總 編 輯 ― 龐君豪

主　　編 ― 穆文娟

責任編輯 ― 陳俐穎

插　　畫 ― 方大踢

封面設計 ― 郭佳慈

出 版 者 ― 五南圖書出版股份有限公司

地　　址：106台北市大安區和平東路二段339號4樓

電　　話：(02)2705-5066　　傳　　真：(02)2706-6100

網　　址：http://www.wunan.com.tw

電子郵件：wunan@wunan.com.tw

劃撥帳號：01068953

戶　　名：五南圖書出版股份有限公司

台中市駐區辦公室/台中市中區中山路6號

電　　話：(04)2223-0891　　傳　　真：(04)2223-3549

高雄市駐區辦公室/高雄市新興區中山一路290號

電　　話：(07)2358-702　　傳　　真：(07)2350-236

法律顧問　元貞聯合法律事務所　張澤平律師

出版日期　2010年1月初版一刷

定　　價　新臺幣340元